Origen y significado de los nombres propios

Guadalupe Velázquez M.

Origen y significado de los nombres propios

Grupo Editorial Tomo, S. A. de C. V.
Nicolás San Juan 1043
03100 México, D. F.

1a. edición, junio 1998.
2a. edición, febrero 1999.
3a. edición, octubre 1999.
4a. edición, agosto 2000.
5a. edición, julio 2001.
6a. edición, octubre 2002.
7a. edición, septiembre 2003.
8a. edición, noviembre 2004.
9a. edición, agosto 2006.
10a. edición, agosto 2008.

© Guadalupe Velázquez M.

© 2008, Grupo Editorial Tomo, S.A. de C.V.
Nicolás San Juan 1043, Col. Del Valle
03100 México, D.F.
Tels. 5575-6615, 5575-8701 y 5575-0186
Fax. 5575-6695
http://www.grupotomo.com.mx
ISBN: 970-666-064-X
Miembro de la Cámara Nacional
de la Industria Editorial No 2961

Diseño de portada: Emigdio Guevara.
Supervisor de producción: Leonardo Figueroa

Impreso en México - *Printed in Mexico*

Indice

A manera
de Prólogo*

Onomatología

La Onomatología o tratado del origen de los nombres
propios personales y del lugar e historia de sus variaciones, es
una de las partes más interesantes en la investigación de la
historia lingüística de un país. A esta disciplina se le llama
también Onomástica o arte de la explicación de los nombres.

La Onomatología forma parte de la Etimología. La
preocupación por los nombres personales es muy antigua.
Aparece ya en la Odisea, cuando Alcinoo, rey de los feacios
pregunta a Ulises: "Dime el nombre con que allá te llaman tu
padre y tu madre, los habitantes de la ciudad y tus vecinos,
que ningún hombre, bueno o malo, deja de tener el suyo
desde que nace, porque los padres lo imponen a cuantos en-
gendran" (cap.VIII).

En cada lengua, la invención de los nombres propios y
personales debe ser al menos tan antigua como el uso de los
demás apelativos. La idea de la diferenciación a través del
nombre propio, la explica Schiller de esta manera: "Un
nombre es solamente una necesidad de diferenciación; quien

*Cfr. Alonso, Martín. *Ciencia del lenguaje y arte del estilo*, Editorial Aguilar.
Madrid. 1975. Duodécima Edición pp . 298- 326 Tomo I.

está solo no lo necesita, pues no hay nadie con quien pueda confundirse".

La palabra Nombre, deriva de la raíz *gno*, que es la del verbo griego *gno-oo* y la del latino noscere (conocer), y quiere decir signo de conocimiento o distinción.

Origen de los nombres personales

Todos los nombres que conocemos provienen de vocablos comunes simples, derivados o compuestos, y aun de frases. Al principio los nombres se refieren a fenómenos de la Naturaleza, a la geografía, a las cualidades físicas o morales de las personas, a las circunstancias especiales de la vida cotidiana, a la magia, a la guerra, a la religión, al status social o simplemente al capricho.

En la observación de los nombres primitivos puede darnos alguna luz el conocimiento de los sobrenombres y apodos, como, p. ej., CATON, el Censor; FERNANDO III, el Santo; JAIME I, el Conquistador; PIPINO, el Breve; FULANO, el Malo, etc. que aluden a cualidades o episodios de la vida de quien los lleva. Con frecuencia, el apodo es más fuerte que el nombre, sobre todo si se trata de personas de escasa cultura.

Podemos deducir entonces que en las tribus primitivas, los nombres no eran otra cosa que los apodos que se daban como signo de conocimiento distintivo, de acuerdo con las condiciones individuales.

En Roma, el *agnomen* o apodo era muchas veces más popular que el *prenomen* o nombre propio, que se escribía en abreviatura (M.: MARCUS); al *nomen*, denominación gentilicia, y al *cognomen*, apellido de la familia. Así, se añadía el apodo, como nombre de la primera gente, cuando alguien pasaba a otra por adopción.

Un ejemplo, claro de esto lo tenemos en PLATON (del griego *Platys*, ancho), apellidado así por la anchura de sus hombros. El apodo prevaleció sobre su verdadero nombre: ARISTOCLES.

Identificación del nombre con la persona o profesión

Carlyle, dice que "hay mucho, casi todo, en los nombres. El nombre es el primer vestido que se le pone al visitante de la Tierra".

Lo más propio que el hombre posee es su nombre, y según una superstición antigua, el niño recibe con su nombre el alma.

El nombre se identifica con nuestra vida, con la palabra y con nuestras promesas. Son frecuentes en la conversación frases como estas: "Pídelo en mi nombre"; "Te prometo por mi nombre...", etc. Desde hace cientos de años el hombre ha puesto altares en los que ha de jurar por su nombre.

Es muy común la superstición de que lo que sucede al nombre le ocurre a la persona, y de que, cambiando aquel, se modifica al individuo. Por tal razón en ciertas culturas primitivas, el cambio de nombre era considerado como un procedimiento curativo, El enfermo grave cambiaba de nombre para protegerse de la muerte y contra los hechizos y encantamientos demoniacos.

La identificación del nombre con la profesión o con las cualidades morales de una persona se convierte en un recurso literario de nuestro lenguaje figurado: Es un verdadero ARISTAR-CO. Es otro DEMOSTENES; "Más severo que CATON".

En el pensamiento de los griegos y romanos se identificaba de tal suerte el nombre con la personalidad, que llegaron a prohibir este derecho a los esclavos.

Hay ejemplos de identificación del nombre con la divinidad en textos paganos y judeocristianos.

Hay un poder sobrenatural en los nombres sagrados y especialmente en el nombre de Jesús. *Yehoshuah* significa en hebreo, "Dios Salvador o Salud de Dios". "Yo soy Yahvé", y "Fuera de Mí no hay otro Salvador". San Pablo, entusiasmado con este gran misterio, exclama: "Por esto le dio ·un nombre superior a todo nombre, a fin de que, al nombre de Jesús, se doble toda rodilla, en el cielo, en la tierra y en el infierno".

Culto y aversión al nombre

De la identificación de la persona con el nombre proviene el cariño que cada uno tiene al suyo. A muchos les molesta que se los llame equivocadamente, o que en una carta o lista se escriba mal su nombre, y mucho más cuando uno se permite ciertas bromas a costa del nombre de otra persona.

Ese culto misterioso e íntimo al nombre personal se convierte, a veces, en temor a evocar el recuerdo directo de personas queridas ya muertas, y se las alude únicamente con perífrasis, o frases indirectas. Los discípulos de Pitágoras, por ejemplo, no se atrevían a pronunciar el nombre de su maestro, que en vida era "Él", y después de muerto, "Aquel hombre".

A este respetuoso culto se añade la idea de la supervivencia de los nombres. Los soldados de Hefestión, el gran amigo de Alejandro, llevaban el nombre de este héroe, aun después de muerto, para que no se perdiera en la tumba.

También la aversión a ciertos nombres procede de la identificación de una persona, con el nombre que se rechaza.

El estudio de la Onomatología

El estudio de los nombres propios personales empieza con los griegos, que usaban una Onomatología suficientemente clara, hasta el punto de que ya en los poemas de Homero se emplean algunos de significación relacionada con la manera de ser de los personajes; pero la observación científica de los nombres propios se desarrolló a partir del siglo XIX.

Los nombres creados por cada pueblo son la sombra benéfica que acompaña a sus tradiciones, espejo de la civilización y un factor de interés para estudiar su cultura. Los griegos tenían unos doscientos nombres relativos al caballo (*hippos*) y más de doscientos cincuenta para nombrar la fama de los mortales. Esto prueba su afición a los deportes hípicos y que el sentimiento de la gloria (*cleos*) fue uno de sus mayores ideales.

Nombres alusivos al natalicio y sus circunstancias

Muchos nombres se refieren a acontecimientos históricos que coinciden con el nacimiento del niño: una paz (IRENE); una guerra (PTOLOMEO); victorias obtenidas (NICOGENES, NICEFORO) inventos militares (BOMBARDINA).

Mucho más interesante y extraño es el nombre dado al recién nacido tomando en cuenta el lugar de su nacimiento: Therasia, de donde vino TERESA, esposa de San Pedro Nola. Era griega y había nacido en la isla de Tera. Otros nombres de lugar: OCEANO, PELAYO y el apellido MORGAN, significan nacido de o en el mar. SILVINO, SILVANO y SILVESTRE tienen relación con los bosques; URBANO, con la ciudad.

Expresan de alguna manera circunstancias del natalicio: CAYO (alegría de los padres), BIENVENIDO, BENJAMIN (hijo de felicidad) GEMELO, GÉMINO (gemelos, mellizos); los latinos, CESAR (el que fue arrancado del seno de su madre), SERVIO (el que se conserva en el vientre, muerta la madre).

Junto con los nombres del lugar del natalicio se enumeran otros relativos a ciudades donde nacieron o vivieron las personas a quienes se aplicaron por primera vez: MAGDALENA (de MAGDALA, región de Judea); DELIOS (de Delos); GALO, ROMAN y GERMAN (de la Galia, de Roma y de Alemania, BARBARA (extranjera); FRANCISCO (relativo a Francia), etc.

Nombres relativos a cualidades personales

Se nombra muchas veces en lenguas antiguas, por las condiciones físicas, casi siempre con defectos, del individuo. ALBINO (blanco), RUFO, RUFINO (Rubio), CECILIO (Ciego), CLAUDIO (cojo), BALBINA (tartamuda), BRUNO (moreno).

Procedentes de las cualidades morales de un individuo, citamos AGUEDA (buena), HILARIO (risueño), CANDIDO (blanco), PLACIDO (agradable).

Nombres de conceptos abstractos

Se reúnen en este grupo conceptos como sabiduría (SOFIA), piedad (EUSEBIO), amistad (FILIA), ayuda (AUXILIO y SOCORRO) y paz (SALOME).

En esta misma agrupación se incluyen ciertos derivados de participios, adjetivos y sustantivos, que representan deseos o auspicios felices para el niño: AMADO (que ha de ser amado), CONSTANTINO (constante) ELEUTERIO (libre).

Nombres que representan animales, plantas, flores, piedras y astros

La Zoología, Botánica, Astronomía y otras ciencias de la Naturaleza han intervenido en la formación de la Antroponimia. Esto se debe, en primer lugar a la influencia del *totemismo* en el origen de los nombres primitivos. El *totem* es un concepto de los indios americanos, un animal que una tribu tiene por protector, el cual lleva el alma del primer antepasado de la misma. Los nombres de familia o apellidos de los pueblos incivilizados son muchas veces totémicos. Las huellas de esta tendencia totémica se encuentran en los pueblos semíticos e indoeuropeos, especialmente en los germanos.

Germanos: BERNARDO (oso fuerte), ATAULFO y ADOLFO (lobo noble), LEONARDO (león fuerte), ARNALDO (que tiene el poder del águila).

Griegos: FILIPO (amigo de los caballos) LOPE (lobo), URSINO (oso) y COLUMBA (paloma).

Ejemplos de nombres de plantas, flores, piedras y astros: SUSANA (azucena), DAFNE (laurel), ROSALIA (rosa), NARCISO, JACINTO, MARGARITA, ELENA, SANSON, PEDRO, SATURNINO, SELENE y AURORA.

La verdadera morfología de los nombres personales

El análisis de la forma de los nombres nos llevaría tan lejos de nuestro propósito, que habría que examinar despacio, en cada nombre, las indicaciones de fonética histórica, para darnos perfecta cuenta de los cambios introducidos en los diversos períodos.

Veamos algunos ejemplos:

1. La mayoría de los nombres personales son de forma culta o semiculta, es decir, que no han sufrido las transformaciones fonéticas de las palabras vulgares. Se nota solamente la adaptación a la pronunciación actual y a las terminaciones propias de los géneros masculino y femenino.

2. Con una sola base, es decir de un solo nombre hebreo, griego o latino, proceden dos nombres españoles: uno en forma semiculta o vulgar.

Ejemplos:

De ISIDORUS, con acentuación latina, sale ISIDORO y con matiz griego ISIDRO.

Del hebreo IACOB viene IAGO, que con el prefijo Sant nos da SANTIAGO; latinizado en JACOBUS, forma JACOBO, y a la vez JACOMUS, del que han salido GIACOMO y JACOME, el derivado provenzal de JAIME y el catalán de JAUME.

3. En general, los femeninos se forman por analogía de los grecolatinos acabados en a. Así, de RAFAEL se hizo RAFAELA; De JOSE, JOSEFA y JOSEFINA y de CARLO, CARLA, etc.

La etimología de los nombres propios personales

En los pueblos primitivos, los nombres se suelen formar por palabras corrientes en la misma lengua, como ocurre con los griegos y germanos, aunque a veces recurren a vocablos raros provenientes de dialectos.

Etimología de los nombres teóforos (relativos a Dios) compuestos

Son nombres que en alguno de sus elementos de origen conservan el concepto del Dios verdadero o cierta relación con dioses mitológicos.

Ejemplo:

TEODORO (don de Dios), DOROTEA (regalo de Dios), NATANAEL (don divino), etc.

Procedencia de algunos nombres germánicos

Los hay compuestos y breves, y éstos lo son por abreviación o por tener sólo un término desde su origen. En los nombres germánicos, los más usuales significan guerra, victoria y armas.

Ejemplo:

LUDOVICO (el guerrero famoso)
ROGELIO/ ROGERIO (el de la lanza gloriosa)
TEODATO (el que es guerrero en su pueblo), etc.

Procedencia de algunos nombres latinos

Como es lógico, estos nombres abundan por la relación entre el Latín y las lenguas derivadas de éste y sobre todo, por el Santoral cristiano.

Ejemplo:

NATIVIDAD (relativo al nacimiento de Cristo)
MERCEDES (misericordiosa)
DEODATO (el que sirve a Dios)
ASUNCION, CONCEPCION, DOLORES, etc. Todos ellos advocaciones de la Virgen María.

Procedencia de algunos nombres griegos

Conservan perfectamente los tipos indoeuropeos. Por su forma, se dividen en compuestos y sencillos o breves, según estén formados de uno o más elementos. El primer grupo se divide en tres clases.

Ejemplos:

Los de la primera significan lo que dicen sus elementos componentes:

PERICLES (que posee gran honra y gloria).

El segundo elemento está sujeto al primero:

TEODORO (don de Dios),

Tienen un primer componente verbal:
ARQUELAO (que manda al pueblo).

Suelen expresar algo bueno, laudable, ilustre, cuando llevan los prefijos *Eu* o *Poly*:

EUFEMIA (la de buena palabra)
EUDOSIA (la de buen concepto)
EURIDICE (que su justicia es ejemplo)

POLICRATES (de mucho poder)
POLIFEMO (de quien se habla mucho)

Muchos de los nombres griegos, al igual que en otras culturas están relacionados con las divinidades de la mitología:

PALAS (Atenea)
DEMETRIO (Démeter)

La etimología de los nombres semíticos

Casi todos ellos son hebreos y tomados de la Biblia. Existen los nombres relativos a la gracia de Dios:

HELI (el que se ofrece a Dios)
MANUEL (Dios está entre nosotros)

También abundan los formados por expresiones verbales:

JESUS (el salvador)
JOSE (Ojalá que Dios le engrandezca)
JOSUE (Dios es el que salva)

De otras lenguas semíticas:

Del arameo: TOMAS (el hermano gemelo)
Del caldeo: BALTAZAR (el que es protegido de Dios)
Del púnico: ANIBAL (gracia de Dios)

Del árabe: LEILA (la que es hermosa como la noche)

Etimología de nombres prehispánicos

Se forman con vocablos de las lenguas de las culturas indígenas y se refieren especialmente a las cualidades guerreras, al coraje, a la valentía; a los atributos de los animales o bien a sus deidades.

Ejemplo:

IZTEOTL, Náhuatl (aquí está Dios)
IRE, Purepecha (Rey Tarasco)
MAYAB, maya (Tierra de poca agua)
NETZAHUALCOYOTL; Acolhua (coyote hambriento)

Nombres formados por combinaciones o variaciones de otros nombres

Ejemplo:

ADABELLA (Ada y Bella)
ANABEL (Ana y Bella)
MARISOL (María y Sol)

Nombres de pueblos o ciudades que se usan para las personas

AFRICA
AMERICA
ARGELIA
ESMIRNA, etc.

Nombres propios

A

AARON

Hebreo .... Luz, montaña alta. Es también "la casa de Dios".

Hermano mayor de Moisés. Primer sumo sacerdote de los hebreos. Se dice que hablaba en su nombre ante el pueblo y ante los faraones.

ABAD

Hebreo .... Significa "uno" o "único".

Era uno de los principales dioses de la mitología Caldea.

ABDUL

Arabe .... Hijo y servidor de Dios.

ABEL

Hebreo .... Lo que es efímero. (La mariposa por su corto tiempo de vida)

El segundo hijo de Adán y Eva. El primer mártir y la primera figura de Jesucristo.

ABELARDO

Francés .... Semejante a la abeja. Relación hecha por la laboriosidad de dicho insecto. El gran trabajador.

ABDON

Hebreo .... El muy servicial, el que homenajea.

Siervo de Dios, hijo de Hillel. Fue el enviado de Dios que amenazó con la muerte a Jeroboán por haber ofrecido sacrificios a los ídolos.

ABIGAIL
Hebreo .... La alegría del padre. La que es fuente de alegría.

Esposa de Nabal, Karmel, al sur de Judea.

ABNER
Hebreo .... El padre de la luz.

ABISAI
Hebreo .... Mi padre posee un don.

Nieto de Isaí, con Yoab y Asael es de los hijos de Seruyá, y sobrino de David.

ABRAHAM
Hebreo .... El hebreo, lo que según la genealogía bíblica significa descendiente de Eber.

Padre de una gran multitud. Es con frecuencia confundido con el nombre ABRAM el que en realidad quiere decir "el padre grande", "el padre excelso".

ABSALON
Hebreo .... Padre y señor de la paz.

Tercer hijo de David y de Maaká. Era renombrado por su gran hermosura.

ACAB
Hebreo .... El que es hermano del padre. El tío.

ACACIO
Griego .... El que no tiene maldad.

ADA
Hebreo .... La que es fuente de alegría. La que irradia alegría.

ADAIR
Celta .... Lugar de los robles.

ADALBERTO
Germánico .... De noble estirpe.

ADALIA
Persa .... Hija del Dios del fuego.

ADAN
Hebreo .... El que fue hecho con tierra rojiza.

Según la *Biblia*, nombre del primer hombre y padre del género humano. Ascendiente de Jesús.

ADELA
Germánico .... La madre de la princesa noble.

ADELAIDA
Germánico .... Princesa noble. La descendiente de la nobleza. La que pertenece a la casa real.

ADELTRUDIS
Germánico .... La que es estimada por su nobleza.

ADELVISA
Germánico .... Aquella que combina sabiduría y nobleza.

ADEMAR O ADEMARO
Germánico .... El famoso combatiente.

ADINA
Hebreo .... La que se reconoce por su finura y delicadeza.

ADITI
Hindú .... En la mitología de este país se le conoce como una diosa que quiere decir "libre o sin límites".

ADOLFO
Germánico .... El que está ávido de nobleza. Es también el guerrero feroz como un lobo.

ADONAI
Hebreo .... Señor mío.

ADONIS

Griego   El más hermoso entre los hombres.

Fue el hijo incestuoso de Cyniras y su hija Mirra o Esmirna. Lo educaron las ninfas y era tan hermoso que Afrodita se enamoró locamente de él.

ADRIANA

Latino   Su significado es "mujer del mar". Es natural de Adria. Se aplicaba igualmente al nacido en puerto o pueblo cercano a las costas del Mar Adriático. Adria es "ciudad del mar".

AFRA

Latino   La que vino de Africa.

AFRODITA

Griego   Nacida de la espuma del mar.

Una de las más famosas deidades de la mitología griega. Diosa del amor en todas sus formas, de la fertilidad y de la belleza.

AGAMENON

Griego   El que no avanza en el camino.

Otros autores lo definen como "el que no avanza por observar la naturaleza".

Uno de los personajes más importantes en la literatura griega. Fue el jefe de la expedición a Troya, para rescatar a Elena (*La Odisea*).

AGAPITO

Griego   El muy amado.

AGAR

Hebreo   El que se fugó.

AGATA

Griego   Buena.

AGENOR
Griego — El varón que tiene gran fuerza.

AGEO
Hebreo — De carácter alegre, festivo.

AGNES
Griego — Pura, casta, dulce.

AGUEDA
Griego — La virtuosa, la excelsa.

AGUSTIN
Latino — Augusto, imperial.

San Agustín, uno de los cuatro grandes doctores de la Iglesia Latina; es uno de los hombres más cultos que ha tenido la humanidad. Fue hijo de Santa Mónica.

AIDA
Latino — La que proviene de familia distinguida. La que conduce.

AIDANO
Germánico/ Irlandés — El que se distingue.

AIDEE
Griego — El recato es la más grande de sus virtudes.

Simbolizaba el pudor en la mitología griega, representado por una mujer cubriéndose el rostro con un velo.

AICHAH
Arabe — Mujer de gran belleza e inteligencia.

AIMÉ
Francés — Persona amada.

AIMON
Germánico — El amigo de la casa.

AIXA
Arabe .... La elegida por el máximo.

ALADINO
Arabe .... El que alcanzó el saber máximo de lo religioso.

ALAN
Celta .... El hombre imponente, apuesto. El que por su barba es imponente. Armonioso.

ALARCIA
Germánico .... Reina universal, soberana de todo el mundo.

ALBA
Latino .... Flor del amanecer. Blanca y reluciente como la Aurora.

Nombre de una ciudad de Lacio, antigua región de la Italia central, situada entre la Etruria y el Mar Tirreno.

ALBANO
Germánico .... El que pertenecía a la casa de Alba. El resplandeciente como la Aurora.

Albano fue el primer mártir de Inglaterra.

ALBERTO
Germánico .... El que brilla por su nobleza.

ALBINO
Latino .... El de tez muy blanca. Habitante de la noche.

ALCEO
Griego .... Hombre vigoroso y fuerte.

ALCIBIADES
Griego .... El fuerte y violento.

ALCIDES
Griego .... El fuerte y vigoroso. También: El fornido.

ALCIRA
Germánico Adorno de nobleza.

ALDA
Germánico Que todo lo sabe, todo lo entiende, y todo lo conoce.
También "la más bella". No es el femenino de ALDO.

ALDEMAR
Germánico Toda la experiencia en un hombre.

ALDO
Germánico El noble experimentado. No es el masculino de ALDA.

ALEYDIS
Germánico De noble familia.

ALEJANDRO
Griego El defensor de los hombres.

Nombre de cinco reyes de Macedonia. El más importante de los cuales es Alejandro Magno, que extendió sus conquistas hasta Persia, la India y Babilonia, donde murió cubierto de gloria a los 33 años de edad. Se alude a él como fundador del Imperio griego.

ALEJO
Griego Que protege y defiende.

ALEXIS
Griego El que protege.

ALFA
Griego Mujer dinámica y de gran iniciativa.
Simboliza el principio de todo.

ALFIO
Griego El que destaca por su piel blanca.

ALFONSO
Germánico Noble y listo para combatir.

Alfonso X, el sabio, rey de Castilla y León. Inspirado poeta y uno de los monarcas más ilustrados de su tiempo.

ALFREDO
Germánico El consejero poderoso. Enemigo de la guerra y amigo de la paz.

ALI
Arabe Sublime, superior, elevado.

ALICIA
Griego De gran rango y aristocracia. De extraordinaria belleza. Que protege y defiende.

ALEYDIS
Germánico De noble familia.

ALMA
Latino La que sustenta, bondadosa, gentil.

ALMARO
Portugués Mauro.

ALMIRA
Arabe La que es ensalzada. También: Princesa.

ALONSO
Germánico El que prepara las cosas. Es una variación de ALFONSO.

ALTEA
Griego Eterna poseedora de cabal salud. También: Saludable y edificante.

Hija de Testio. Madre de Meleagro. El oráculo había dicho que la vida de su hijo dependía de un tizón que ella guardaba en un cofre.

ALVARO
Germánico Hombre prevenido. También: Todo atento.

ALVINA
Germánico Aquella que concilia. La que no tiene enemigos. También: Amada, amiga de todos.

AMADEO
Latino El gran amor.

AMADIS
Latino El gran amor.

AMADO
Latino. El que es amado. El pequeño.

AMALIA
Germánico La mujer despreocupada.

AMALIA
Arabe Abeja del hogar.

AMAN
Hebreo El magnífico.

AMANCIO
Latino El que ama a Dios.

AMANDA
Latino La que debe ser por siempre querida y amada.

AMANDO
Latino El que será amado por los otros.

AMAPOLA
Arabe Flor del vergel. También: Bella y peligrosa.

AMARANTO
Griego El que no se amedrenta.

AMBROSIO
Griego   El eterno, el inmortal.

AMELIA
Germánico   Trabajadora enérgica y activa.

Entre los árabes se le llama Amelia a todo aquel distrito gobernado por un jefe, al que llaman Amel. Entre los griegos significa "despreocupada".

AMERICA
Germánico   Princesa dinámica, bella, inteligente y poderosa.

AMERICO
Germánico   Príncipe de acción. También: Activo y hacendoso.

AMILCAR
Fenicio   El príncipe de la ciudad. También: El alcalde, el que manda en la ciudad.

AMINA
Arabe   La mujer fiel.

AMINTA
Griego   La protectora. Aquella que proporciona defensa y protección.

AMIRA
Arabe   De ascendencia real. Princesa.

AMON
Hebreo   El que construye casas.

El mayor de los hijos de David y de Ajinóam. Nacido en Hebrón.

AMOS
Hebreo   El robusto.

AMPARO
Latino   La que cobija, que da "amparo", la que defiende.

ANA

Hebreo La llena de gracia. La que da misericordia.

Santa Ana, madre de la Virgen María.

ANACLETO

Griego El que fue invocado.

ANAID

Fenicio Divinidad de la mitología fenicia que reunía atributos de Venus, Minerva, Ceres y Diana.

ANANIAS

Hebreo El que recibió la gracia de Dios.

Discípulo de la comunidad cristiana de Damasco que impuso las manos de Saulo y le comunicó de parte del Señor su elección.

ANASTASIO

Griego El que resucitó, el que fue resucitado.

ANDREA

Griego Bella, apuesta. También:Femenilmente.

ANDRES

Griego El valiente y varonil.

ANDROCLES

Griego Es el varón lleno de gloria.

ANDRONICO

Griego Hombre a la victoria.

ANGEL

Griego El enviado. Al que envió Dios a la Tierra.

Dios envía como emisarios a profetas y sacerdotes, pero sobre todo a los ángeles, estos son propiamente mensajeros de Dios.

ANGUS
Celta — De entendimiento excepcional.

ANIA/ ANIANO
Griego — La / El afligido

En la mitología romana Annia Perenna es la "diosa del año".

ANIBAL
Griego — Gracia de Dios. Favor hecho por Dios.

ANICETO
Griego — Hombre invencible. De gran fuerza.

ANSALDO
Germánico — El representante de Dios. Dios reina en él.

ANSELMO
Germánico — Protector. Que protege contra el enemigo. También: Yelmo de Dios.

San Anselmo. Teólogo y obispo de Canterbury. Uno de los fundadores de la Escolástica.

ANTENOR
Griego — El que ocupa el lugar por la fuerza.

ANTERO
Griego — El hombre florido.

ANTIGONA
Griego — Distinguida entre sus hermanos.

Compitió con Hera -la diosa griega del cielo- en hermosura y la diosa la castigó, haciendo que le nacieran serpientes en lugar de cabellos.

ANTIOCO
Griego — El que comanda el carro en el ataque a los enemigos.

ANTONIETA
Latino .... Llena de Gracia.

ANTONIO
Griego .... Precioso como una flor. El que enfrenta a sus enemigos.

ANUNCIACION
Hebreo .... Es posible que sea traducción de la palabra hebrea que simboliza uno de los misterios cristianos de la virgen "anunciada", de haber sido elegida como Madre del Hijo de Dios. Aparece también como Anunciata o Nunciada.

APARICIO
Hebreo .... Es similar al anterior nombre. Su definición remite a las apariciones de la Virgen en distintas etapas. Este nombre se asocia a la aparición de la virgen en Lourdes, Francia.

APIA
Latino .... La piadosa.

APOLINAR
Latino. .... El que ha sido consagrado al dios APOLO.

APOLO
Griego .... El que ahuyenta el mal, que da vida.

Con Atena es acaso el más celebrado y representativo de los dioses griegos. Es el tipo de la belleza masculina en su flor. Todos los más altos y útiles menesteres humanos se le atribuyen, o se ponen bajo su tutela: música y medicina; profecía y arte de las armas.

AQUILES
Griego .... Que consuela en el dolor. El de labios gruesos. También: El que oprime a los enemigos de sus amigos.

Uno de los personajes míticos de mayor importancia (La Odisea). Hijo de Peleo y Tetis. Existe una leyenda que dice que Aquiles era invulnerable en todas las partes de su cuerpo, excepto el talón, pues su madre lo sumergió en la fuente del Hades sosteniéndolo por esta parte del cuerpo.

AQUILINO
Latino   Que es agudo como el águila.

ARABELLA
Latino   Altar hermoso.

ARACELI
Latino   Del altar del cielo.

ARCADIO
Griego   Es el que nació en Arcadia, la ciudad rodeada de fortalezas.

Los habitantes de Arcadia pretendían que Zeus había nacido en esa tierra.

ARCANGEL
Griego   El príncipe de todos los ángeles.

ARCELIA
Latino   Pequeño cofre de tesoros.

ARCHIBALDO
Germánico   Muy intrépido.

ARES
Griego   Dios de la guerra y la virilidad.

Para los griegos fue un dios del sentido bélico -de la defensa y el ataque- y de la virilidad, más que propiamente de la guerra. Fue hijo de Zeus y Hera.

ARGENIS
Griego   El de gran blancura.

ARGENTINA
Latino .... Su calidad es reconocida y estimada.

ARGENTINO
Latino .... El que resplandece como la plata.

ARIADNA
Griego .... La muy santa. La que no se doblega.

Hija de Minos y Pasifae. Cuando Teseo fue a Creta ella se enamoró locamente de él y al entrar al laberinto para matar al Minotauro, le dio una madeja de hilo para que así hallara el camino para regresar.

ARIEL
Hebreo .... "El pequeño león" de Dios.

ARISTARCO
Griego .... El mejor de todos los príncipes.

ARISTEO
Griego .... El que se destaca.

ARISTIDES
Griego .... Optimo, el mejor de todos.

ARISTOTELES
Griego .... El noble en sus propósitos.

Nombre originario del gran filósofo griego, discípulo de Platón.

ARMANDO
Germánico .... Hombre de guerra. El guerrero.

ARNALDO
Germánico .... Que protege y vigila desde lo alto. Que protege como el águila. Fuerte como un águila.

ARNULFO
Germánico .... Agudo como el águila, fuerte y tenaz como un lobo.

ARQUELAO
Griego .... El que gobierna a un pueblo. ·

ARQUIMIDES
Griego .... El que piensa profundo. También: El que piensa mejor.

ARSENIO
Griego .... Varonil y vigoroso.

ARTEMIO
Griego .... Integro, intacto.

ARTEMIS
Griego .... Perfecta.

Es la diosa de la Tierra, protectora de los nacimientos y de los niños pequeños. Es también diosa de la fecundidad masculina. Hermana de Apolo. Es hija de Zeus y Leto. Como su hermano, lleva arco y flechas y es capaz de curar enfermedades, pero también de matar.

ARTURO
Celta .... El que es fuerte como un oso. También: Cerca de la cola de la osa mayor.

Rey Arturo, legendario personaje de Gales, fundador de la orden de los caballeros de la Mesa Redonda.

ASA
Hebreo .... El que sana. El médico.

Tercer rey de Judá.

ASAF
Hebreo .... El escogido de Dios.

Maestro de música de David y de Salomón. Vidente y autor de los *Salmos*.

ASDRUBAL
Púnico .... El que está protegido por Dios.

ASTRA
Griego   Deslumbrante como una estrella.

ASTRID
Germánico   La preferida de los dioses. Semejante a una estrella.

ASUNCION
La que fue llevada a los cielos. No tiene un origen semántico y sería la traducción del hecho y misterio bíblico de la Elevación de María, que es utilizado como nombre.

ATAHUALPA
Quechua   El ave de la fortuna.

ATALA
Griego   La juvenil.

ATANASIO
Griego   El que es inmortal.

ATILA
Germánico   El padre. También: Padrecito.

Jefe de los Hunos. Unificó las hordas hunas del Danubio al Mar Caspio. Afianzó su autoridad sobre los bárbaros y organizó el saqueo y extorsión del imperio de Or.

ATILIO
Latino   Favorito del abuelo.

AUGUSTO
Latino   El que merece fama, el venerado. También: El magnífico, el ilustre.

Nombre del célebre emperador romano Cayo Octavio. Hijo adoptivo de Julio César, con quien combatió en Hispania y a quien sucedió formando un triunvirato con Marco Antonio y Lépido. Durante su gobierno nació Jesucristo.

El siglo de Augusto, es el de Oro en la historia romana.

AULO
Latino   Nacido al aire libre.

AURA
Latino   Mujer carismática de gran magnetismo personal.

AURELIO
Latino   Que es de valor como el oro. También: De color de Oro.

Rey de Asturias, primo y sucesor de Fruela I. Mantuvo relaciones pacíficas con los árabes y sofocó una sublevación de los siervos del campo.

AURISTELA
Latino   La estrella de oro.

AURORA
Latino   Que salva. Que trae ayuda. También: Brillo, resplandor.

Diosa de la mañana, encargada de abrir al sol las puertas del oriente.

AXEL
Hebreo   Hombre de orden público.

AZALEA
Latino   Flor del desierto.

AZALIA
Hebreo   La elegida del señor.

AZARIAS
Hebreo   El señor es mi guía y me sostiene.

AZARIEL
Hebreo   Del Talmud; el que reina sobre las aguas.

AZUCENA
Arabe   Madre admirable.

B

BAAL

Caldeo   El señor dominador. El que domina un territorio.

Divinidad cartaginesa que se considera como el principio de la naturaleza.

BABIL

Asirio   Puerta de Dios.

BACO

Latino   Que grita y alborota.

Dios del vino entre los romanos. Es la versión latina de Dionisio, el dios griego. Aunque es tenido comúnmente como la deidad de la embriaguez y el dulce entusiasmo que provoca el vino, lo cierto es que preside toda exaltación, de cualquier orden, particularmente la religiosa.

BALBINA

Latino   La que balbucea al hablar.

BALDOMERO

Germánico   El que lucha. El luchador que es famoso por su fuerza.

San Baldomero es el patrono de los herreros, profesional de la herrería, siempre vivió en la austeridad; todo lo que tenía lo regalaba a los pobres.

BALDUINO
Germánico El amigo valiente.

BALTAZAR
Asirio El que es protegido por Dios.

Hijo de Nabucodonosor. Los judíos deben rezar por su prosperidad. Ultimo rey de los caldeos.

BARBARA
Griego La que viene de afuera. La extranjera.

Virgen decapitada por su padre, quien cayó después muerto por un rayo.

BARDO
Celta Poeta. Rústico.

BARLAAM
Arameo Hijo del pueblo.

BARRY
Celta Lanza.

BARTOLOME
Hebreo Hijo del guerrero. Hijo del valiente que guerrea. El que detiene las aguas.

Hijo de Tolmay, figura en las listas de apóstoles, como apóstol III.

BARUC/ BARUCH
Hebreo El bendito por Dios.

Uno de los profetas menores, cuyo libro, los judíos consideran apócrifo. Fiel colaborador del profeta Jeremías.

BASEMAT
Hebreo Bálsamo.

Hija del hittita Helón, esposa de Esaú, hijo de Ismael.

BASILIDES
Griego — Hijo del rey, príncipe.

BASILIO
Griego — El rey soberano. El que gobierna.

BAUDELIA
Celta — Victoria.

BAUTERIO
Germánico — Audaz.

BAUTISTA
Griego — Es el que bautiza. El caminador bautizando. Sobrenombre que tenía San Juan, primo de Jesucristo.

BAYARD
Francés — El del pelo ardiente, rojo.

BEATRIZ
Latino — La que da placer. La que hace la felicidad. Portadora de la alegría, del regocijo y de la diversión. También: Ella trae felicidad.

Beatriz célebre dama florentina inmortalizada por Dante en su *Divina Comedia* y en la *Vita Nuova*.

BEDA
Germánico — Que ordena y dispone. También: El que obliga.

BEGOÑA
Arabe/
Vizcaíno — La que domina desde la colina.

BEGONIA
Francés — De carácter versátil, igual que los diferentes matices de la flor que lleva su nombre.

BELARMINO
Germánico — De bella armadura.

BELEN
Hebreo — La que provee el sustento. También: Casa del pan.

BELINDA
Latino — La que atrae por su belleza. La atractiva, cautivadora. También: la inmortal.
Griego — Colmada de gracia.

BELINO
Latino — Gracioso, bonito, guapo, hermoso.

BELISA
Latino — La más esbelta.

BELISARIO
Griego — El que arroja saetas con capacidad. También: Flechador diestro.

BELLA
Hebreo — Dedicada a Dios.

BELTRAN
Germánico — Que lleva un escudo refulgente. También: Cuervo brillante. Hombre apuesto y brillante.

BEN
Arabe — El hijo.

En la mitología sajona, era el dios de los mares.

BENEDICTO
Latino — El bendito por Dios.

San Benedicto II, originario de Italia, llegó a ser Papa. El emperador de aquella época lo tuvo en gran estima, al grado de considerar a sus propios hijos como hijos espirituales de este Papa.

BENICIO
Latino — Amigo de cabalgar.

BENIGNA

Latino — Aquella que no se compara con ninguna otra.

BENIGNO

Latino — El pródigo, amable con la gente. El que no se compara con ningún otro.

BENILDO

Germánico — El que lucha con los osos.

BENJAMIN

Origen desconocido — El hijo de mi derecha, de mi felicidad. Era usado cuando una familia con hijos mayores, recibía a un niño, con gran diferencia de edad con sus hermanos.

Ultimo hijo de Jacob y de Raquel.

BERENICE

Griego — La que trae la victoria. La que comunica el triunfo de una determinada batalla.

Berenice fue una princesa judía de enorme belleza, hija de Agripa I, de la familia de Herodes, amada de Tito, que quiso casarse con ella.

BERLINDA

Germánico — La defensora de los osos. También: El escudo del oso.

BERNABE

Hebreo — El hijo del profeta. Otra variación hecha por estudiosos dice que en realidad es el "profetizado" el que fue anunciado por un profeta. Es también: "el hijo del consuelo".

Aunque no fue uno de los doce apóstoles que Jesús nombró, fue considerado como uno de ellos. Fue enviado por los apóstoles a evangelizar Antioquía.

BERNARDINO

Germánico — Firme en sus ideas, decisiones y acciones. También: Bravo y firme.

BERNARDO

Germánico Valiente y audaz como un oso. También: Oso fuerte o corazón de oso.

San Bernardo, padre y doctor de la Iglesia, adversario de Abelardo y fundador de la Abadía de Claraval.

BERTA

Germánico La ilustre, que brilla por su personalidad.

Era madre de San Ruperto, pertenecía a una familia de duques de Lorena. Fundó varios hospitales y conventos para servir a los pobres.

BERTOLDO

Germánico El jefe espléndido.

BERTRAN

Germánico Que lleva un escudo refulgente. También el cuervo brillante.

BESALEL

Hebreo Bajo la sombra de Dios.

Hijo de Urí, de la tribu de Judá, proyectó y fabricó todos los utensilios para el tabernáculo.

BETSABE

Hebreo La hija del juramento.

La Betsabé bíblica, esposa de David, y madre de salomón, era precisamente la séptima hija.

BLANCA

Germánico Brillante, distinguida.

Blanca de Castilla, mujer de Luis VIII de Francia y madre de San Luis Rey de Francia.

BLAS

Griego El que no habla bien. El que balbucea.

BONA
Latino Buena.

Diosa de la fecundidad y castidad, era venerada por las mujeres romanas.

BONFILIO
Italiano Buen hijo.

BONIFACIO
Latino El que hace el bien a los hombres.

BOREAS
Griego Viento del norte.

Tenía el templo más famoso en Atica. Hijo del titán Astreo y la Diosa Aurora, hermano de los vientos del sur y del oeste.

BORIS
Eslavo El gran oso. También: Hombre luchador.

BRAULIA
Germánico La que utiliza sus armas contra el enemigo.

BRAULIO
Germánico Que resplandece. También: Espada relampagueante. No es femenino de BRAULIA.

BRENDA
Germánico Ardiente.

BRIAN
Celta El que es fuerte.

BRIGIDA
Celta La que es fuerte, la victoriosa.

BRISEIDA
Griego Mujer de extraordinaria belleza.

Hija del adivino griego Calcas y sumamente hermosa. Fue amada por Troilo.

BRIZO
Griego .... La que inspira los sueños proféticos.

En la mitología griega se dice que era una deidad a la cual adoraban en Delfos, ella inspiraba los sueños proféticos.

BRUNILDA
Germánico .... La guerrera de tez morena y carácter agresivo. La guerrera con coraza negra. Heroína del campo de batalla.

BRUNO
Latino .... El de tez morena. También: Moreno, brillante, quemado.

San Bruno de Colonia, padre de la Iglesia y fundador de los Cartujos.

BUENAVENTURA
Castellano .... El que augura alegrías.

BURCARDO
Germánico .... Audaz en la protección.

C

CACIO
Latino   El que está protegido con el yelmo.

CADMO
Fenicio   El que vino de oriente.

Hijo del rey Agenor y de Telefasa.

CALEB
Hebreo   El perro guardián de Dios.

Uno de los doce mensajeros que Moisés envió desde el desierto para explorar Canaán.

CALIGULA
Latino   Que lleva sandalias.

Cayo Julio César. Emperador romano, hijo de Germánico y Agripina. Sucesor de Tiberio. Tiránico y absolutista, exigió que se le adorase como a un dios. Fue asesinado por los pretorianos.

CALIMACO
Griego   El que bien lucha. También: El buen combate.

CALIOPE
Griego   La de la hermosa voz.

Es la musa de la poesía épica.

CALISTENA
Griego La de gran belleza y resistencia física. También: De hermoso vigor.

CALIXTO
Griego El mejor y el más bello.
Germánico Bellísimo.

San Calixto I, papa.

CAMILO
Fenicio El que está presente en Dios.

Uno de los mártires del Japón. Se le envió a dicho país para predicar, allí permaneció durante nueve años.

CANAAN
Hebreo El humilde.

CANDELARIA
Latino La que resplandece, brilla. A su paso todo se ilumina.

CANDIDO
Latino Puro, blanco, inmaculado. También: Fuego ardiente.

Santa Cándida, mujer martirizada con su hija Paulina y su esposo Artemio.

CARIDAD
Latino Amor.

CARIM
Arabe El generoso.

CARINA
Griego A la que se tiene gran estima. La muy amada. Poseedora de gracia y encanto. También: Pura.

CARISA
Latino De incomparable belleza. Combinación de gracia, hermosura y buenos modales.

CARLOS
Germánico El varonil. El muy vigoroso. El que lo lleve será victorioso. También: Fornido.

CARLOTA
Germánico La fuerte y poderosa.

Carlota fue emperatriz de México, hija de Leopoldo I, rey de Bélgica y de Luisa de Orleans. Se casó con el Archiduque Maximiliano.

CARMELO
Hebreo El que es como una espiga tierna. El que viene del jardín florido. El de la viña de Dios.

CARMEN
Hebreo Nombre usado en mujer como en hombre. La del campo cultivado. También: Viña.

Nuestra Señora del Carmen. Advocación de la Virgen en el Monte Carmelo, en Israel.

CAROLINA
Latino Fuerte y poderosa.

CASANDRO
Griego El hermano del héroe. No es femenino de CASANDRA.

CASANDRA
Griego Pitonisa. Profetiza.

Fue hija de Hécuba y de Príamo, reyes de Troya. Era tan hermosa que muchos príncipes asiáticos pretendieron casarse con ella, y hasta el mismo Apolo sintió atracción de sus encantos.

CASILDA
Arabe La virgen que tiene la lanza.

CASIMIRO
Eslavo Aquel que predica la paz.

CASIO
Latino   El que usa yelmo.

CASTALIA
Griego   Mujer reconocida por su pureza. También: Manantial de pureza.

CASTO
Griego   El honesto, el puro.

CASTOR
Griego   El brillante.

Hijo de la combinación Zeus-Tíndaro-Leda; ocurrió que Zeus enamorado de Leda, se transformó en cisne y así la poseyó.

CATALINA
Griego   La que no tiene cruza. De casta pura.

Catalina La Grande, emperatriz de Rusia. Fue célebre por sus guerras afortunadas y por su licenciosa conducta.

CATON
Latino   El hombre astuto.

CATULO
Latino   Sutil, sagaz.

CAYETANO
Latino   Es el natural de Gaeta (Gaetano). La gran piedra.

CAYO
Latino   El que es alegre.

CECILIA
Latino   La pequeña ciega.

Santa Cecilia, virgen patrona de los músicos.

CEFERINO
Griego — El que acaricia como el viento.

CELESTE
Latino — Angelical. Perteneciente al cielo.

CELESTINO
Latino — Que vive en el mundo celestial. También: La venida del cielo.

CELIA
Latino — La que vino de una de las siete colinas de Roma. También: Venida del cielo.

Santa Celia, una de las vírgenes sacrificadas en Colonia, por los Hunos.

CELINA
Latino — La que vino del cielo.

CELINDA
Griego — La que da ánimo.

CELMIRA
Arabe — La brillante.

CELSO
Latino — El que es de las alturas.

CENOBIO
Latino — Al que Dios protege y da salud. El que no quiere a los extranjeros.

CENTOLA
Latino — La luz de la sabiduría.

CESAR/ CESAREO
Latino — El que fue arrancado del seno de su madre. Cortado del vientre de su madre.

Nombre de dos emperadores romanos; César Augusto, bajo su imperio nació Jesús. César Tiberio, bajo su imperio aparecen en público, Juan Bautista y Jesús.

CID
Arabe   El señor.

CINTIA o CYNTHIA
Griego   La que vino de la colina. La que está ligada con Dios.
También: Diosa de la luna.

CIPRIANO
Griego   El consagrado a Venus.

CIRO
Griego   El gran señor. También: Pastor. También: Sol.

Auténtico fundador del Imperio Persa. Como príncipe de Ansan, reunió las fuerzas de las tribus persas y venció a Astiages, rey de los medos.

CLARA
Latino   Pronta a actuar. También: Dorada, áurea.

CLAUDIO
Latino   El cojo.

Claudio Publio Apio, censor romano. Construyó la Vía Apia y el primer acueducto de Roma. Claudio, emperador romano hijo de Druso, sobrino del emperador Tiberio, sucesor de Calígula.

CLELIA
Griego   La gloriosa, la que espera gloria. Su gloria la conduce a la inmortalidad.

CLEMENTE
Hebreo   Benigno.

Fue un colaborador de Pablo, luchó junto a él por el evangelio.

CLEOMENES
Griego   Proeza gloriosa.

CLEONICE

Griego La que vence por la gloria.

CLEOPATRA

Griego La que es la gloria de los padres.

La más famosa de las reinas de Egipto, célebre por su belleza. Cautivó sucesivamente a César y a Marco Antonio. Se dio muerte haciéndose morder por un áspid, después de la derrota de Marco Antonio en Accio.

CLETO

Griego El que fue llamado a combatir. El elegido para el combate. El que ordena en el combate.

CLIMACO

Griego El que sube.

CLIO

Griego De brillante personalidad.

Musa de la Historia.

CLODOALDO

Germánico El ilustre príncipe. El capitán.

CLODOMIRO

Germánico El de ilustre fama. El capitán ilustre.

CLODOVEO

Germánico El ilustre guerrero.

CLOE

Griego Hierba tierna o verdor. También: Rosa en botón. Flor naciente. La que reverdece.

Título dado a Démeter como diosa de las simientes verdes y muy celebrada en la primavera. Es personificación muy antigua del vigor vegetal que renueva los campos.

CLORINDA

Persa Célebre por sus proezas.

CLOTILDE
Germánico Guerrera gloriosa. Antiguamente se usaba indistintamente en masculino y femenino. Descendiente de héroes y guerreros.

COLOMBA
Latino La que vuelve como la paloma. También es una expresión de cariño.

COLON
Latino El hermoso como una paloma.

CONCEPCION
Hebreo Relato bíblico de la inmaculada Concepción de la Virgen María.

CONCORDIA
Latino Que trae la paz.

CONRADO
Germánico El resuelto a dar consejos, el valiente. También: De consejo atrevido.

Nombre de varios emperadores alemanes: Conrado V, fue decapitado en Nápoles a los 16 años de edad. Conrado de Baviera fue hijo de Enrique, duque de Baviera.

CONSTANCIO
Latino El que persevera firmemente.

CONSTANZA
Latino La que pertenece.

Princesa Constanza, hija del emperador Constantino.

CONSUELO
Latino La consoladora. Alivio del que sufre.

CORA
Griego La virgen.

CORDELIA
Latino .... La de corazón pequeño. La que demuestra cordura y ecuanimidad en todos sus actos.

CORINA
Griego .... La joven virgen. También: Doncella.

Fue una destacada poetisa del siglo V, A.C., se enfrentó en varias ocasiones con Píndaro en diferentes concursos; su obra se perdió casi en su totalidad.

CORNELIO
Latino .... Como si tuviera cuernos.

Centurión de Cesárea. Temeroso de Dios se convirtió al cristianismo.

COROLIA
Griego .... Muchacha, doncella.

COSME
Griego .... El adornado. También: Limpio.

San Cosme, médico martirizado en tiempos del emperador Deocleciano. Se le considera uno de los patronos de los médicos.

CRESENCIO
Latino .... El que crece en virtud.

CRISANTEMA
Griego .... La del vestido de oro. También: La planta de flores doradas.

CRISOFORO
Griego .... El que lleva oro.

CRISOSTOMO
Griego .... El que tiene la palabra (consejo) valiosa. También: El de la boca de oro, el gran orador.

CRISPIN
Latino   El de pelo rizado.

CRISTIAN
Latino   El que sigue a Cristo. Adepto del Señor.

CRISTINA
Latino   Cristalina y límpida de pensamiento. La ungida.

CRISTOBAL
Griego   El que lleva a Cristo "consigo".

San Cristóbal, mártir cristiano del tiempo de Dacio. Patrón de los automovilistas.

CRUZ
Símbolo por la muerte de Jesucristo.

CUASIMODO
Latino   Como los niños.

CUNIBERTO
Germánico   Que brilla sobre los demás por su propia estirpe.

CUSTODIO
Latino   El ángel guardián.

Se refiere a la fiesta católica de los ángeles custodiados.

D

DACIA
Latino   Mujer natural de Dacia, antigua provincia romana.

DAFNE
Griego   Que está coronada de laureles. También: Un camino sembrado de triunfos.

Ninfa hija del río Peneo y de la Tierra. Formaba parte del séquito de Diana. Leucipo se enamoró de ella y disfrazado de mujer logró filtrarse; pero Apolo también amaba a Dafne y le inspiró a su hermana, Diana, el deseo de que ella y todas las mujeres de su séquito se bañaran en una fuente. Leucipo fue descubierto y Diana, con sus flechas, acabó con él.

DAGOBERTO
Germánico   Que resplandece como el sol.

DAIRA
Griego   Llena de sabiduría.

DAISY
Inglés   Margarita.

DALIA
Alemán   Vecina de los valles y las praderas.

DALILA
Hebreo   De piel delicada. También: Tierna.

Amante de Sansón, al que, con tenaz insistencia, arrancó el secreto de su fuerza.

DAMASO
Griego   El hábil domador.

DAMIAN
Griego   El hombre del pueblo. El que salió de la gente.

DAMOCLES
Griego   Que es la gloria de su pueblo.

Cortesano de Dionisio I, tirano de Siracusa. Según la leyenda, éste le cedió su trono, en el que fue feliz hasta que advirtió que sobre su cabeza había una espada suspendida sólo por la crín de un caballo.

DAN
Hebreo   El que juzga. El juez.

DANIEL
Hebreo   El Dios es mi juez.

El profeta. Provenía de una noble familia de Judá e incluso era de sangre real.

DANIELA
Hebreo   Aquella a la que nunca abandona la fe.

DANTE
Latino   El de carácter firme.

Poeta italiano, autor de *La Divina Comedia*, obra cumbre de la Literatura Universal, que simboliza al hombre, enfrentado a sus propios pecados y al proceso de purificación de los mismos.

DARDO
Griego   Astuto y hábil.

DARIO
Persa   El que protege contra el mal.

Rey persa que permitió a los judíos proseguir la construcción del templo en Jerusalén.

DAVID
Hebreo   El amado por Dios.

Hijo menor de Isay o Jesé. Segundo rey hebreo, fundador del reino unido de Israel y Judá. Derrotó a los filisteos y extendió sus dominios desde el Eufrates hasta el golfo de Akaba. Fue el padre de Salomón.

DAYANIRA
Griego   La que despierta grandes pasiones amorosas. También: Destructora de hombres.

DEA
Latino   La que es reconocida por todos como Diosa.

DEBORA
Hebreo   Que es hacendosa como la abeja.

DEDALO
Griego   El que es hábil artista.

DELIA
Griego   La que nació en la isla de Delos.

DEMETRIO
Griego   Amante de la tierra.

Demetrio I, fue un rey de Macedonia, libertador de Atenas, que fue considerado en su tiempo, como un dios.

DEMOCRITO
Griego   Es el juez del pueblo.

Filósofo griego, precursor de la teoría atómica.

DEMOSTENES
Griego   Representa la fueza del pueblo.

Orador y político griego. Luchó implacablemente contra Filipo III de Macedonia. Famoso por sus grandes discursos.

DENIS
Griego   Amante de los buenos vinos.

DEODATO
Latino   El que sirve a Dios.

DESDEMONA
Griego   La desdichada. Poseída por la melancolía.

DESIDERIO
Latino   El que es deseado.

DIANA
Griego   La llena de luz, llena de divinidad.

Hija de júpiter y Latona, fue la diosa de la caza y de los bosques. Su nombre es una combinación de vocablos celtas.

DIRA
Griego   El más preciado obsequio de nuestro señor.

DIDIER
Francés   Al que Dios concedió gracia.

DIDIO
Latino   Al que Dios concedió gracia. Similar a DIDIER.

DIDO
Fenicio   La fugitiva.

DIEGO
Latino   El que es muy instruido. También: Él engañará.

DIMAS
Griego   El compañero.

DINA
Hebreo   La que sólo se somete al juicio de Dios.

DINORAH
Arameo   Luz. También: Aquella que esclarece y disipa las tinieblas.

DIOGENES

Griego .... El que vino al mundo por Dios.

Filósofo griego, fundador de una corriente que se opuso a las teorías de Platón.

DIOMEDES

Griego .... El que confía en la protección de Dios.

DION

Griego .... El que se consagra a Dios.

DIONISIO

Griego .... El que se consagra a Dios en la adversidad.

Fue un dios muy popular en Grecia. Es el inventor del vino. Se dice que su culto dio origen a la Tragedia Griega, forma antigua del teatro.

DOANE

Celta .... Habitante de las dunas del desierto.

DOLORES

Se refiere a los pesares de la Virgen María. El santoral cita: Los Dolores de María Santísima. La Virgen Dolorosa en la acción de sufrir por la muerte de Cristo.

DOMINGO

Latino .... Que es del señor, que pertenece a Dios.

Santo Domingo de Guzmán, fue un religioso español, fundador de la orden de los predicadores.

DOMINICA

Latino .... Toda llena de fortaleza y vitalidad.

Se dice que Santa Dominica fue martirizada a orillas del río Eufrates, por destruir ídolos y no adorarlos, en la época del emperador Diocleciano. Fue encerrada con las fieras pero éstas la respetaron, por lo que fue decapitada.

DOMITILA
Latino   La que ama su casa.

DONAJI
Mexicano   La que habrá de ser amada.

DONATO
Latino   El que es un "don" de Dios.

DORCAS
Griego   Gacela.

DORIAN
Griego   De la ciudad de Dórian.

DORIS
Griego   La que nació en Sialios de padres griegos. También: Reina y soberana de todos los mares.

DOROTEA
Griego   El regalo de Dios.

Santa Dorotea vivió durante la época del gobernador romano Cesáreo,quien la torturó cruelmente y la mandó decapitar por ser creyente y por negarse a contraer matrimonio. Su cuerpo se encuentra en Roma. Es santa y Virgen.

DULCE
Latino   Se relaciona con el delicado nombre de María.

DULCINEA
Latino   Que tiene dulzura. También: Aspiración ideal de alguien.

DUSTIN
Germánico   Jefe de corazón duro.

E

EBE
Griego   Flor de juventud

EBERARDO
Germánico   Fuerte como el oso.

EBO
Germánico   El jabalí.

ECIO
Latino   El fuerte.

EDA
Germánico   Don precioso.

EDCO
Griego   Que sopla con fuerza.

EDGAR
Germánico   El que defiende con lanza sus bienes.

EDGARDO
Germánico   Es el que defiende sus dominios con la lanza.

EDIPO
Griego   El de los pies perforados.

Hijo de Layo y Yocasta. Fue rey de Tebas. Es el prototipo del hombre juguete del destino.

EDITH
Germánico   Que tiene posesiones, dominios.

EDMUNDO
Germánico   El que protege sus dominios. También: El que protege la riqueza.

EDOM
Hebreo   El hombre de cabellos rojos.

EDNA
Hebreo   La que rejuvenece.

EDUARDO
Germánico   Es el guardián alerta de sus dominios. También: El que espera riqueza.

EDUVIGIS
Germánico   La luchadora. La que lucha constamente por superarse.

EFRAIN
Hebreo   El que es abundante en frutos, el fructífero.

EFREN
Hebreo   El que fructifica, que da frutos.

EGISTO
Griego   Criado con leche de cabra.

Es el único hijo de Tiestes que no fue muerto ni devorado por él. Parece que fue abandonado de niño y criado por una cabra, lo cual sugiere su mismo nombre.

EGLANTINA
Francés   Flor del campo.

ELEAZAR
Hebreo   Dios es mi auxilio.

Tercer hijo de Aarón. Cabeza de estirpe sacerdotal de su nombre y cuya tumba se señalaba en las montañas de Efraim.

ELBA
Celta   Alta. También: La que viene de la montaña.

ELCIRA
Germánico   El noble adorno.

ELDA
Germánico   La que batalla.

ELECTRA
Griego   Rubia como el sol.

Fue hija de Atlas, y una de las Pléyades. De sus amores con Zeus nació Dárdano.

ELENA
Griego   Como la aurora de bella, la que resplandece como el sol.

Elena de Troya, según la mitología, sacerdotisa de Diana. Paris la robó a su esposo, siendo esto causa de la guerra y ruina de Troya.

ELEODORO
Griego   Llegado del sol, como el sol.

ELEONOR
Francés   Persona excepcional y única.

ELFIDA
Alemán   Hija de Elfos.

ELI
Hebreo   Elevado, sublime.

Nombre del juez de Israel que educó al profeta Samuel.

ELIAS
Hebreo   Dios me domina. También: Mi dios es Jehová.

Uno de los más célebres profetas del pueblo judío. Fue el salvador de la religión de Yahvéh y su popularidad llegó a ser legendaria. Fue arrebatado al cielo en un carro de fuego.

ELIGIO
Latino .... El elegido de Dios.

ELIHU
Hebreo .... Dios mismo.

ELIO
Latino .... El que ama el aire.

ELISEO
Hebreo .... Dios cuida de mi salud. También: Dios es mi salvación.

San Eliseo, profeta hebreo discípulo de Elías y su sucesor; lo superó por lo llamativo y el número de sus milagros.

ELIZABETH
Hebreo .... La consagrada a Dios.

ELOISA
Germánico .... La guerrera que tiene fama.

Religiosa francesa que se enamoró de su maestro y se casó con él después de tener un hijo. Ingresó al convento por insistencia de su esposo Abelardo.

ELPIDIO
Griego .... El que tiene esperanzas.

ELVIA
Latino .... La que es de color amarillo.

ELVIRA
Arabe .... La señora princesa.

EMMANUEL
Hebreo .... Dios está con nosotros.

EMETERIO
Griego .... El que merece cariño, el que es como nosotros.

EMIGDIO

Griego De piel morena.

EMILIO / EMILIANO

Latino El que se esfuerza en el trabajo, trabajador audaz.

EMPERATRIZ

Latino Soberana.

ENCARNACION

Es tema bíblico. Remite al misterio de la Encarnación de la Virgen María y Jesús.

ENDORA

Hebreo Manantial.

ENEAS

Griego Hombre para ser alabado.

Héroe famoso de la Guerra de Troya y creado por Virgilio como fundador de Roma. Era hijo de Anquises y Afrodita.

ENGRACIA

Latino Que es feliz con la presencia de Dios en su cuerpo.

ENOC/ ENOCH

Hebreo El que está consagrado a Dios.

Nombre de dos personajes del Antiguo Testamento, uno hijo de Caín; otro, padre de Matusalén.

ENRIQUE

Germánico El príncipe en su tierra. También: El varón que dirige.

EPICTETO

Griego El adquirido.

EPIFANIO
Griego   El que despide brillantez por su ilustración.

ERASMO
Griego   Amable con todos sus semejantes. También: Deseable.

Erasmo de Rotterdam, fue un célebre literato y filósofo cristiano. Escribió notabilísimas obras, entre ellas, su famoso *Elogio de la Locura*.

ERASTO
Griego   El que es amado, el amable.

Colaborador de San Pablo que fue enviado por este junto con Timoteo de Efeso, a Macedonia. Tesorero de la ciudad de Corinto.

ERENDIRA
Mexicano   De ascendencia real. Princesa.

ERMELINDA
Germánico   Es la dulzura.

ERNESTO
Germánico   El luchador decidido a vencer. También: Pertinaz, serio, grave, sincero.

ERICA
Escandinavo   Realeza. También: aquella cuyo dominio es eterno y absoluto.

ESAU
Hebreo   Peludo. De larga cabellera y pelo en pecho.

Hijo de Isaac y de Rebeca, hermano mayor de Jacob.

ESMERALDA
Latino   Remite a la piedra preciosa. Bella como la piedra.

ESPERANZA
Latino   La que confía en Dios.

ESTEBAN
Griego   El que está coronado por la victoria. También: Corona.

El primer mártir del cristianismo.

ESTEFANIA
Griego   Enaltecida con beneplácito.

ESTELA
Latino   La estrella del alba. También: Adornada de estrellas.

ESTER
Hebreo   La estrella del alba.

Mujer judía de excepcional hermosura, se convierte en soberana de los persas al casarse con el rey Asuero.

ESTRELLA
Latino   Virtuosa y bella.

ESPARTACO
Griego   El que siembra.

ETERIO
Latino   Puro, sereno.

EUBERTO
Germánico   El que resplandece eternamente.

EUDORA
Griego   El mejor de todos los regalos.

EUDOSIA
Griego   La de buen concepto.

EUFEBIO
Griego   El tímido.

EUFEMIA
Griego   De buena palabra, elocuente.

EUGENIO
Griego   El de noble nacimiento. También: El bien nacido.

Mártir del tiempo de Nerón.

EULALIA
Griego   La que es elocuente al hablar.

EULOGIO
Griego   Que dice bien, que es buen orador.

EUNICE
Griego   La victoriosa. Victoria gloriosa.

EURIDICE
Griego   Que su justicia es ejemplo. También: separación prolongada.

Nombre de la esposa de Orfeo en el famoso mito heleno.

EUSEBIO
Griego   El que es respetuoso y piadoso.

EUTALIA
Latino   La floresciente, la vigorosa.

EUSTAQUIO
Griego   El que tiene muchas espinas de trigo.

EUSTASIO
Griego   El que es sano y fuerte.

EUTERPE
Griego   La que deleita.

Musa que preside el arte de la Música de flautas y de algunos instrumentos de viento.

EUTENIA
Griego   La abundancia. También llamada Dioné por los griegos.

EVA
Hebreo   La que da vida, la que genera vida.

Mujer de Adán, creada según la tradición bíblica durante el sueño y de una costilla de aquel, para que fuese su compañera. Madre del género humano.

EVALDO
Germánico   El que manda eternamente.

EVANGELINA
Griego   La que trae la buena nueva.

EVARISTO
Griego   El excelente. También: El que es muy agradable.

EVELIA
Griego   La que siempre observa el lado positivo de todas las cosas.

EVELIN
Hebreo   Vida.

EVERARDO
Germánico   Astuto y fuerte como el jabalí. También: Arrojado como el oso.

EVODIO
Griego   El que augura buen viaje.

EZEQUIEL
Hebreo   El que tiene la fuerza de "Dios".

EZIO
Latino   De nariz aguileña.

F

FABIAN
Latino   El que cumple.

Aunque San Fabián era laico, gobernó la Iglesia por varios años, pues sucedió al Papa San Antero. Fue martirizado por órdenes del emperador Dacio.

FABIO
Latino   El que cultiva las habas.

Fabio Cunctátor, militar romano que gracias a sus tácticas detuvo las conquistas de Aníbal.

FABRICIO
Latino   El hijo del artesano.

FACUNDO
Latino   Es el que dice discursos que convencen. El elocuente.

FANNY
Germánico   Libre.

FARID
Arabe   Unico, sin par.

FATIMA
Arabe   Que realiza el desastre a los niños.

Advocación portuguesa de la Virgen María, Nuestra Señora del Rosario de Fátima.

FAUSTO
Latino .... Al que favorece la suerte. El feliz.

Fausto. Nombre de un personaje alemán real, que se ha hecho legendario. La leyenda de Fausto es la historia de un hombre que vende su alma al demonio a cambio de los bienes terrenales.

FEBE
Griego .... La que refulge esplendorosamente. También: Luna llena.

En la mitología griega, es la diosa lunar y una de los titanes. Hija del Cielo y de la Tierra, abuela de Artemisa.

FEBO
Griego .... El iluminado.

Fue otro de los nombres que los griegos daban al sol, es decir, a Apolo.

FEDERICO
Germánico .... El que gobierna para el bien y la paz del pueblo.

FEDRO
Griego .... Es el hombre espléndido.

Fedra fue hija de Minos, rey de Creta. Sustituyó a su hermana Ariadna en el amor de Teseo.

FELIPE
Griego .... El que ama a los caballos.

Fue uno de los santos enviados al Japón y martirizados en aquel país. Originario de México. Pertenecía a la orden de los franciscanos.

FERMIN
Latino .... Es el que es constante y firme. También: el de carácter sólido.

San Fermín, mártir cristiano nacido en Pamplona.

FERNANDO
Germánico El guerrero audaz. También: Viaje aventurado.

Fernando III, rey de Castilla y León; vencedor de los Moros a los que arrojó casi de España. Fundó las catedrales de Burgos y Toledo.

FIDEL
Latino El que es digno de confianza, fiel al amigo.

FILIBERTO
Germánico Que tiene brillo.

FILIS
Griego La que se adorna con hojas.

Una princesa de Tracia que se enamora de Acamas. Fue mudada por Atena en un árbol de Almendras.

FLAVIO
Latino El que al nacer tiene los cabellos rubios.

FLORA
Latino La que es hermosa como una flor .

En la mitología, diosa de la primavera, reina de las flores y de los jardines. Las fiestas en su honor fueron en un principio honestas, pero con el tiempo pasaron a ser licenciosas. Fue la esposa de Céfiro.

FLORENCIO
Latino Que es bello como las flores y derrama su perfume.

FLORINDA
Latino Floreciente.

FOSCA
Latino La de piel oscura.

FRANCISCO
Germánico Es el guerrero que lleva la franca lanza de aviso en la batalla.

FREYA

Eslavo   La diosa del amor.

En la mitología escandinava fue la diosa del amor.

FRIDA

Germánico   La que lleva la paz.

FRINE

Griego   La hembra del sapo.

Se dice que Friné existió en el siglo IV antes de Cristo y que poseía gran belleza. Varios escultores la tomaron como modelo para realizar la escultura de Afrodita.

FROILAN

Germánico   Señor y amo.

FUENSANTA

Latino   Fuente santa.

Musa del poeta mexicano Ramón López Velarde.

FULVIO

Latino   El que tiene cabellos rojos.

FUSEA

Latín   Oscuro, negro.

G

GABINO
Latino   El hijo de "Dios".

GABRIEL
Hebreo   La fuerza y el poder de "Dios".

El Arcángel San Gabriel fue el que anunció al profeta la llegada del Mesías. Fue también enviado a anunciar a María el nacimiento de Jesús.

GALATEA
Griego   Blanca como la leche.

Fue una Ninfa, hija de Nereo y Doris. Sus amores con Acis tuvieron un fin trágico.

GALILEO
Hebreo   El que vive en la zona de los paganos. El que vino de Galilea.

Nombre usado en sustitución del de Jesús, como Salvador.

GAMALIEL o GAMAL
Hebreo   Dios me ha compensado; Dios es mi recompensa.

Doctor de la Ley, fariseo a cuyo consejo y alocución debieron los apóstoles que el Sanedrín, los pusiera en libertad.

GARDENIA
Alemán   Flor blanca de sutil y exquisita fragancia.

GASPAR
Persa El custodio de los bienes de Dios. El enviado por Dios para que esté atento y vigilante.

Uno de los tres reyes magos, que según la tradición, representa a los hijos de Jafet, o sea los Persas, los Indios y los Europeos.

GASTON
Germánico El huésped. El visitante que anuncia.

GEMMA
Latino La piedra preciosa que brilla.

GENOVEVA
De incierto origen
a) *Galés:* La que es blanca como la espuma de mar.
b) *Latino:* De buena casta.
c) La mujer que vino de "afuera".

Santa Genoveva, es la Patrona de París, al que salvó del yugo de Atila.

GEORGINA
Griego Que cuida de las plantas y de las flores. Agricultora.

GERALDINA
Alemán La que es certera y eficaz en el ataque.

GERALDO
Germánico El que domina con su lanza.

GERARDO
Germánico Lanza fuerte, fuerte por la lanza.

GERDA
Alemán La que es favorecida y protegida por sus superiores.

GERMAN
Latino El hermano.

GERSON
Hebreo El que peregrina.

GERTRUDIS
Germánico La virgen de la lanza.

GERVASIO
Germánico Es el que tiene la lanza y el poder.

GESUALDO
Germánico El prisionero del rey.

GIL
Grecolatino Caprino.

Gil Blas de Santillana es el personaje principal de una novela picaresca francesa, escrita por Lesage.

GILBERTO
Germánico El que brilla con su espada en la batalla y es tomado como rehén.

San Gilberto, monje francés. Acompañó a Luis VII en la Segunda Cruzada.

GILDA
Germánico La que se dispone al sacrificio. También: Doncella que se decide a participar en la batalla.

GINEBRA
Celta La que es blanca y hermosa. También: Efervescente y blanca como la espuma.

GINES
Griego La que engendra vida.

GIOVANNI
Italiano Juan.

GISELA
Germánico   La que es prenda de felicidad.

Santa Gisela, reina de Hungría.

GLADIS o GLADYS
Celta   La que está muy contenta. También: Aquella cuyas labores y acciones trascienden.

GLAUCO
Griego   Bella como el verde mar.

GLENDA
Celta   Tan pequeña como creativa y productiva.

GLORIA
Latino   Alusivo a la virgen del mismo nombre o equivalente a la fiesta de la Pascua de Resurrección.

GODOFREDO
Germánico   Que vive en la paz que da el Señor.

Godofredo de Bouillón. Famoso duque de Lorena, jefe de la primera cruzada, conquistador y libertador de Jerusalén. Se le dio el título de Procurador del Santo Sepulcro.

GOLIAT
Hebreo   El viajero peregrino.

Gigante filisteo de más de dos metros de alto. Fue David quien lo venció en duelo y lo mató.

GONTRAN
Germánico   Ave de guerra.

GONZALO
Germánico   El salvado en el combate.

GRACIA
Latino   Que tiene gran encanto natural.

Nombre de divinidades mitológicas que según la fábula eran tres hijas de Venus.

GRACIAN
Latino   El que es agradecido.

GREGORIO
Latino   El que vigila sobre su grey.

GRISELDA
Germánico   Agresiva, intrépida, conductora, estratega y heroína. También: La vieja heroína.

GUADALUPE
Arabe   La que vino del valle donde habita el lobo.

Durante el dominio de los españoles ocurrió la aparición de la Virgen de Guadalupe a un indio llamado Juan Diego.

GUALBERTO
Germánico   El que tiene todo el poder y resplandece por él.

GUIDO
Germánico   El que guía y conoce todos los caminos.

GUILLERMINA
Alemán   La que brinda protección, amistad y lealtad.

GUILLERMO
Germánico   El protector de firme voluntad.

GUIOMAR
Germánico   Guirnalda de flores. La floresta. También: Famosa en el combate.

GUIVORADA
Germánico   El consejo de la mujer.

GUSTAVO
Germánico   Que tiene el lugar del rey.

H

HADA
Latino — La que vive su destino de acuerdo a las leyes de Dios.

HALIMA
Arabe — La que sufre pacientemente.

HARIM
Hebreo — Sagaz en la llanura.

HAROLD
Inglés — Comandante de armas.

HAROLDO
Germánico — El que domina la región con su ejército.

HASABUC
Hebreo — El que abraza a Dios.

HASSAN
Arabe — El joven hermoso.

HAYDEE
Griego — La modesta, sumisa. La más pudorosa y virginal de las mujeres.

HEBE
Griego — Juventud eterna. Aquella en la que prevalece perennemente la juventud.

Diosa de la juventud, vigor viril y fuerza. Nació de Hera y Zeus. Por su gracia y belleza Zeus la nombró diosa de la juventud y le confirió el cargo de servir el néctar, en copas de oro, en la mesa de los dioses.

HEBER
Hebreo — El que liga, el que alía.

HECTOR
Griego — El defensor tenaz.

Fue el primogénito de Hécuba y de Príamo, reyes de Troya. Se casó con Andrómaca y fue el más denodado y vigoroso defensor de la ciudad, cuando ésta fue sitiada por el ejército griego que iba a castigar el rapto de la bella Helena.

HEDA
Germánico — Guerra.

HEDDA
Danés — La de la tierra. También: La que sin cesar lleva la iniciativa y hace la guerra.

HELCIAS
Hebreo — La herencia de Dios.

HELI
Hebreo — El que se ofrece a Dios.

HELIA
Griego — Sol. También: Mujer dotada de una férrea voluntad.

HELIO
Griego — El sol. Apolo.

Fue el dios Baal de los caldeos. El Moloch, de los cananeos, el Adonis de los fenicios, el Osiris de los egipcios, el Mithras, de los persas, el Saturno de los cartagineses, el Febo de los romanos o Apolo de los griegos.

HELIODORO
Griego   El que es un regalo de Dios.

Representante del reino Seléucida, intentó por encargo del rey Sirio, Seleuco IV, robar el tesoro del templo de Jerusalén, pero fue rechazado y golpeado en el santuario por los ángeles.

HERACLITO
Griego   Que siente inclinación por lo sagrado.

HERCULES
Etrusco   El que corre velozmente.

Fue hijo de Zeus y Alcmena. Esta última era esposa fiel de Anfitrión, rey de Tebas, pero Zeus asumió la forma de Anfitrión y Alcmena engañada concibió dos gemelos.

HERIBERTO
Germánico   El que es la gloria del ejército que dirige.

HERLINDA
Alemán   Aquella que se mantiene a la defensiva durante la contienda.

HERMES
Griego   El que anuncia, el que da mensajes. El viento del amanecer.

El mensajero de los dioses. Patrono de los tratados públicos y privados, del comercio y amparo de los viajeros en todo el mundo. En señal de sus oficios Zeus le dio un bastón con cintas, un sombrero de alas anchas y unas sandalias con alas.

HERMILDA
Alemán   La que demuestra su fuerza en la batalla.

HERMINIA
Germánico   La consagrada a Dios.

HERODOTO
Griego .... El dragón de fuego.

Nació en Halicarnaso el año 484 A.C. Fue renombrado historiador y su obra es fuente inapreciable de información para el estudio de la mitología griega.

HEROS
Griego .... Héroe.

HERSILIA
Griego .... Tierna y delicada.

HESPERIA
Griego .... La que tiene la melancolía del atardecer.

HIGINIO
Griego .... El que tiene salud.

HILARIO/HILARION
Latino .... El que es festivo y alegre.

San Hilario de Poitiers, padre de la Iglesia, autor de obras notables.

HILDA
Germánico .... La que lucha con denuedo. La heroína en la acción. Mujer guerrera.

Nombre principal entre los Valquirios, Hilda se vuelve abadesa de Whitby, en Inglaterra.

HIPOLITO
Griego .... Es el que desata sus caballos y se apresta para la batalla.

Hijo de Teseo y la amazona Hipólita. Cuando ésta murió, Teseo casó con Fedra. Como Hipólito estaba en su florida juventud, Fedra se enamoró perdidamente de él.

HOLDA
Hebreo .... Comadreja.

HOMERO
Griego   El que no ve, el ciego.

Poeta griego, autor de la *Ilíada* y la *Odisea*.

HONORIO
Latino   El honorable.

HONORATO
Latino   El que ha recibido altos honores.

HORACIO
Latino   Es el consagrado a las divinidades romanas.

Poeta latino, contemporáneo de Virgilio en el siglo I, A.C. Sus obras constituyen una apreciable fuente de información para el estudio de la mitología grecorromana.

HORTENSIA
Latino   La jardinera.

Nombre de la madre de Napoleón III, reina de Holanda e hija de la emperatriz Josefina.

HUBERTO
Germánico   Aquel de inteligencia clara.

HUGO
Germánico   Es el que tiene espíritu e inteligencia. El que tiene el pensamiento claro.

San Hugo, abad benedictino martirizado en Londres.

HUMBALDO
Germánico   El cachorro intrépido.

HUMBERTO
Germánico   El que tiene inmensa fama y brillo. También: Distinguido como un gigante.

I

IBERIO
Latino — El que nació o vino de la península Ibérica.

IDA
Germánico — La que es diligente y laboriosa.

IDALIA
Griego — La que ve el sol. También: Defensora de la claridad y de la luz.

IDELIA
Alemán — La que pertenece al más antiguo linaje.

IDUMEO
Latino — El que descendió de Edom.

IFIGENIA
Griego — Mujer fuerte, que desciende de raza fuerte. De mentón fuerte.

Hija de Agamemnón y Clitemnestra. Como los vientos no eran favorables, el oráculo decidió que debía ser sacrificada.

IGNACIO
Latino — El ardiente y fogoso. También: El desconocido.

San Ignacio de Loyola fue el fundador de la Compañía de Jesús y autor de los Ejercicios Espirituales.

ILDEFONSO

Germánico — Que por su agilidad es el indicado para el combate.

Ildefonso de Toledo, defensor del Dogma de María Santísima y uno de los cuatro capellanes marianos benedictinos.

ILEANA

Rumano — La esplendente.

IMELDA

Germánico — La que es fuerte y poderosa para luchar.

IMPERIO

Italiano — Mujer que manda y que gobierna.

INCA

Quechua — El príncipe.

INDALECIO

Arabe — Igual al maestro.

INDEMIRA

Arabe — La que es huésped de la princesa.

INES

Griego — La que es pura y casta.

INGRID

Sueco — Hija.

INOCENCIO

Latino — El que no tiene mancha ni culpa de malos actos.

IÑIGO

Vasco — El que es ardiente.

IONA

Alemán — La que rinde culto a la divinidad.

IRACEMA
Guaraní .... Salida de la miel, salida de las abejas. Dulce como la miel.

IRENE
Griego .... El amante de la paz.

Una de las Horas. Es la personificación de la paz. En Atenas tenía sus fiestas propias.

IRIS
Griego .... De hermosos colores. También: Mensajera de los dioses.

Diosa del Arcoiris. Para unos es madre de Eros, que lo tuvo por contacto con el viento del poniente. Era vista como mensajera de los dioses, en especial de Hera. Era la indicada para los mensajes secretos.

IRMA
Germánico .... La que es grande y poderosa. Consagrada a Dios.

IRVING
Inglés .... Mar amigo.

ISAAC
Hebreo .... Es el hijo de la alegría.

Patriarca hebreo, hijo de Abraham y de Sara. Padre de Jacob y de Esaú.

ISABEL
Hebreo .... La que ama a Dios. También: Dios me lo ha jurado.

Santa Isabel, la madre de San Juan Bautista, esposa de Zacarías.

ISADORA
Griego .... Don.

ISAI
Hebreo .... El que vive con plenitud.

ISAIAS
Hebreo .... Dios es mi salud y bienestar. También: Salvación de Jehová.

El primero de los cuatro profetas mayores, considerado de ellos el mejor escritor. Nació en Jerusalén, de familia noble. Fue hijo de Amós.

ISAURA
Griego .... La que vino de Isauria (Asia Menor). También: La de gran sensibilidad y talento.

ISIDORO
Griego .... Es el regalo de Isis (diosa egipcia).

ISOLDA
Celta .... Mujer guerrera.

ISMAEL
Hebreo .... Dios ha oído mis ruegos. También: Dios me escucha.

Hijo de Abraham y de su esclava egipcia Agar. Fue expulsado con su madre por Abraham. Dio origen a los ismaelitas (árabes).

ISMENIA
Griego .... A la que se espera. La que su llegada produce alegría.

Hija incestuosa de Edipo y Yocasta. Hermana de Antígona, Heteocles y Polínice.

ISOLDA
Germánico .... La guerrera potente. También: La que domina con puño de hierro.

ISRAEL
Hebreo   Es el que lucha contra el ángel.

Nombre que según la explicación bíblica le fue dado a Jacob, por un ser misterioso, con el cual había sostenido una lucha durante la noche.

ITALO
Latino   El que viene de la isla que tiene palmares.

ITATI
Guaraní   Virgen popular en el noroeste argentino y Paraguay.

ITURIEL
Hebreo   Descubrimiento de Dios.

IVAR
Escandinavo   El arquero.

IVERNA
Latino   La que nació en invierno.

J

JABEL
Hebreo — Como el arroyo que fluye.

JACARANDA
Guaraní — De exquisita fragancia.

JACINTO
Griego — El que es bello como el Jacinto (flor).

Era un príncipe espartano de suma belleza. Se enamora de él, el poeta Tamiris, que así resulta el primero que ama a un hombre siendo también hombre. Pero se enamora también Zéfiro, dios del viento suave y el mismo Apolo.

JAEL
Hebreo — Como la cabra del monte.

Nombre de la heroína judía cantada por la profetiza Deborah.

JAIRO
Hebreo — El que fue iluminado.

Jefe judío de la Sinagoga; habitó en Cafarnaúm. Jesús resucitó a su hija.

JAMILA
Arabe — Bella, hermosa, linda.

JANET
Hebreo — Don glorioso de Dios.

JANO
Griego   El que es brillante como el sol.

Hijo de Saturno y Entoria. Rómulo le erigió un templo, cerca de la colina Viminal, frente a una de las puertas de la muralla.

JASON
Griego   El que sana todas las enfermedades.

Hijo de Eson y Alcimeda, reyes de Yolkos, tuvo como maestro al centauro Quirón.

JAVIER
Arabe   Brillante.
Vasco   Casa nueva.

San Francisco Javier, apóstol de las Indias, patrono de las misiones y de la obra de la propagación de la fe.

JAZMIN
Persa   Flor fragante.

JEHOVA
Hebreo   Yo soy el que soy.

JENARO
Latino   Propio de enero.

San Jenaro, obispo mártir de Nápoles, cuya sangre se venera en su Iglesia y se licúa casi todos los años, tomando el aspecto de sangre fresca.

JENNY/ JENNIFER
Celta.   Dama rubia.

JEREMIAS
Hebreo   Elevación del señor.

Profeta. Nació en Anatot, de familia sacerdotal; su padre se llamaba Jilquiyá.

JEREMY
Hebreo .... Exaltado por el Señor.

JERONIMO
Griego .... El que tiene un nombre sagrado.

JERSES
Persa .... El que guerrea.

JERUSALEN
Hebreo .... Lugar/Visión de paz.

JESABEL/JEZABEL
Hebreo .... Juramento a Dios.

JESE
Hebreo .... El que vive plenamente.

JESICA
Eslavo .... Jessa es un dios de la mitología eslava; Jessica es su hija.

JESUALDO
Germánico .... El llamado de la lanza.

JESUS
Hebreo .... El salvador.

Entre los personajes bíblicos lo llevaron Josúe, un descendiente de David, Jesús Barrabás, Jesús el justo, colaborador de Pablo y Jesucristo.

JETRO
Hebreo .... El que es mejor que todos.

JEZRAEL
Hebreo .... Lo que Dios sembró.

JOAB
Hebreo .... Dios te sostiene.

JOAD

Hebreo   El señor es todopoderoso.

JOANA

Hebreo   Don de Dios.

JOAQUIN

Hebreo   Al que Dios da firmeza en su vida. También: Jehová funda o establece.

San Joaquín, padre de la Virgen María y esposo de Santa Ana.

JOB

Hebreo   El que es perseguido.

En la Biblia, figura como ejemplo de justicia o santidad de vida y sobre todo como modelo de invicta paciencia.

JOCELYN

Latino   La bella.

JOEL

Hebreo   El que Jehová ha exaltado. También: Jehová es Dios.

El segundo de los profetas menores. Hijo de Patuel, con cuyo nombre se conoce su pequeño escrito profético.

JOFFRE

Germánico   La protección del godo.

JONATAN

Hebreo   Don del Señor.

JORDAN

Hebreo   Que desciende. También: El que regenera y purifica.

El Jordán, río de Palestina que desemboca en el Mar Muerto. En sus aguas fue bautizado Jesucristo, por San Juan Bautista.

JORGE
Griego — El que trabaja bien el campo.

San Jorge, soldado mártir, patrono de Inglaterra y de los soldados; abogado contra los animales ponzoñosos.

JOSAFAT
Hebreo — El que tiene a Dios por juez.

JOSEDEC
Hebreo — El curado por Dios.

JOSE
Hebreo — Ojalá que Dios le engrandezca.

Esposo de María. Padre adoptivo de Jesucristo.

JOSHUA
Hebreo — A quien Dios salvó.

JOSUE
Hebreo — Dios es el que salva.

Hijo de Nun, de la tribu de Efraín. Fue jefe de los hebreos, después de Moisés y conquistó la tierra de Canaán.

JOTHAN
Hebreo — Dios es perfecto.

JOYA
Hebreo — Dios todo lo sabe.

JOYCE
Latino — Llena de alegría.

JUAN
Hebreo — Lleno de la gracia de Dios. También: Dios es misericordioso o dadivoso.

San Juan Bautista, precursor del Mesías, hijo de San Zacarías y de Santa Isabel. Bautizó a Jesús. Fue degollado por órdenes de Herodes.

JUBAR
Hebreo   El que está lleno de júbilo, lleno de melodías.

JUDAS
Hebreo   El que alaba a Dios.

Nombre propio de varios personajes bíblicos: Judas Barsabá, Judas Galileo, Judas Iscariote, Judas Tadeo, Judas Macabeo y Judas de Damasco.

JUDITH
Hebreo   Admirada, alabada.

Cortó la cabeza a Holofernes para salvar la ciudad de Betulia.

JULIUS
Latino   Julio.

Centurión de la milicia imperial que acompañó a Pablo y a otros prisioneros desde Cesárea a Roma.

JUNO
Latino   La que es joven, juvenil.

Llamada Hera por los griegos, fue hija de Saturno y Rea, así como hermana y esposa de Júpiter.

JUSTINE
Latino   La justa.

JUSTO/ JUSTINO
Latino   Que vive para y según la ley de Dios.

JUVENAL
Latino   El que por ser joven necesita apoyo y consejo.

K

KALID
Arabe   Inmortal.

KEVIN
Céltico   Benévolo.

San Kevin es considerado uno de los patronos de Dublín, Irlanda. De origen real, sus padres lo enviaron a una abadía para ser educado. Fundó la abadía de Glendalough, la cual llegó a ser uno de los cuatro centros de peregrinación más importantes de Irlanda. Murió a edad muy avanzada.

KINISBURGA
Inglés   Fortaleza real.

KORE
Griego   La joven.

Es el nombre que se da a una diosa, identificada con Perséfone y relacionada con Démeter.

L

LABAN
Hebreo — Cándido.

LADISLAO
Eslavo — El que gobierna con gloria.

LAELIA
Latino — Que es locuaz.

LAILA
Griego — La que es hermosa.

LAIS
Griego — La que goza de popularidad. También: La que es amable.

LANDOALDO
Germánico — Hábil como un lobo en la ciudad.

LANFRANCO
Germánico — Que es libre en su tierra.

LAODAMIA
Griego — La que domina su pueblo.

LARA
Latino — Manantial conocido.

LAURA
Latino .... Laurel.

Mujer célebre por su belleza, inmortalizada por los versos de Petrarca.

LAUTARO
Araucano ...... El que es emprendedor, el audaz.

LAVERNE
Francés .... La que le gusta saltar.

LAVINIA
Latino .... Mujer de Roma.

LECIA
Griego .... La que dispersa las tinieblas. La que lleva a la luz consigo.

LEDA
Griego .... Señora muy distinguida.

Zeus, enamorado de Némesis, se convirtió en cisne y la poseyó. De ella nació un huevo que Hermes llevó a depositar entre las piernas de Leda, que las tenía abiertas. De él nació Elena.

LEILA
Arabe .... La que es hermosa como la noche. También: Sus facultades se superan durante la noche.

LELIA
Latino .... La que es locuaz. No es variante de Selia.

LEOBALDO
Germánico ...... El valiente defensor del pueblo.

LEOBARDO
Germánico ...... El intrépido entre su pueblo.

LEODOVALDO
Germánico   Que gobierna a su pueblo.

LEON
Latino   Nombre que remite al león por su bravura.

San León I, El Grande, logró alejar a Atila de Roma.

LEONARDO
Latino   Que es fuerte y bravo como un león.

Leonardo Da Vinci, célebre Florentino Renacentista. Sobresalió como pintor, escultor, músico, ingeniero, filósofo y hombre de ciencia.

LEONIDAS
Griego   Remite a los dos anteriores: El que lucha como un león.

LEONILDA
Alemán   Su lucha se asemeja a la de un león.

LEONOR/LEONORA
Griego   Fuerte pero compasiva y misericordiosa. También: Dios es mi luz.

Leonor de Guzmán, favorita de Alfonso XI de Castilla.

LEOPOLDO
Germánico   El príncipe del pueblo. También: Valiente entre la gente.

San Leopoldo, duque de Austria.

LEROY
Latino   Regio.

LESTER
Inglés   Del ejército.

LETICIA
Latino   La que trae alegría y placer.

LETO
Latino .... Alegre, contento.

LEVI
Hebreo .... Que es vínculo entre los suyos.

Hijo de Jacob y Lía, nieta de Isaac. Dio nombre a una de las doce tribus, la que él fundó fue consagrada al sacerdocio.

LIA
Hebreo .... Melancólica y triste.

LIBANO
Latin .... Arbol de incienso.

LIBIA
Latino .... Nacida en un lugar árido (sin lluvia).

Actualmente sólo un estado de Africa del Norte.

LIDIA
Latino .... La que vino de Asia (de Lidia, en Asia menor).

LIGIA
Griego .... La sirena. También: la que es muy melodiosa; favorecida con el don de la musicalidad.

LILA
Persa .... Azulado.

LILIA
Italiano .... Tan impecable como el más puro de los lirios.

LILIAN
Latino .... Lirio.

LINDA
Español .... Hermosa.

LINO
Griego — El que teje el lino.

En la mitología griega, hijo de Apolo y de Terpsícore, inventor del ritmo y de la melodía. Era un músico y poeta maravilloso y Apolo lo mató por envidia.

LIS
Latino — La que es hermosa como un lirio.

LISANDRO
Griego — El libertador de hombres.

LISARDO
Germánico — El que defiende a Dios.

LISIAS
Griego — El que liberta.

LIVIA
Latino — La de color "oliva". También: La de los ojos color de aceituna.

Fue esposa de Augusto; antes, Livia y Augusto habían contraído matrimonio con diferentes parejas, se divorciaron para poder casarse. Al morir Augusto, ella sucedió al cruel Tiberio, quien huyó a Capri.

LOPE
Vasco — El que es tosco y grueso.

LORENZO
Latino — El coronado de laureles. El victorioso.

San Lorenzo de Brindisi, conferencista y doctor muy notable, predicador políglota.

LORETO
Latino — Advocación de la virgen del Loreto.

LOT
Hebreo .... La que tiene el rostro cubierto.

Hijo de Jarán, y sobrino de Abraham, padre de los moabitas. Su mujer quedó convertida en estatua de sal, por mirar hacia atrás, a pesar de la prohibición que le hicieron los ángeles cuando abandonaba Sodoma.

LOTO
Egipcio .... Flor de loto.

LOURDES
Vasco-francés Desde el acantilado, de la costa.

Nombre de la Virgen que se apareció a Bernadet en tres ocasiones, durante las cuales pidió a la niña que orara por los enfermos.

LUCAS
Latino .... Resplandeciente como la luz, el que nació de día.

Gentil de nacimiento, médico de profesión; se agregó a Pablo en su segundo viaje apostólico.

LUCERO
Latino .... Portadora de luz.

LUCIA
Latino .... La brillante, resplandeciente.

Santa Lucía, virgen de Siracusa, mártir del tiempo de Diocleciano.

LUCINA
Latino .... La que da luz.

Lucina fue una virgen discípula de los apóstoles.

LUCRECIA
Latino .... La casta y pura, que trae "provecho". También: Luz.

Lucrecia Borgia, célebre italiana, famosa por su hermosura y desórdenes. Para satisfacer sus liviandades no retrocedió ni ante el crímen.

LUDMILA
Eslavo   Amada por el pueblo.

LUDOVICO
Germánico   El guerrero famoso.

LUDOVINA
Germánico   Amigo del pueblo.

LUIS
Germánico   El guerrero famoso.

San Luis Gonzaga, hijo de nobilísima familia piamontesa, marqués de Castellón. Ingresó a la Compañía de Jesús a los 18 años de edad y murió a los 23, asistiendo en los hospitales a los atacados de fiebres malignas.

LUZ
Latino   Es advocación religiosa: la "luz", presencia de Dios. También: La que todo lo ilumina.

M

MABEL
Latino Amable, adorable. La que es adorada y querida.

MACARIO
Griego El que es bienaventurado y feliz.

MACEDONIO
Griego El que se engrandece con sus triunfos.

MACIEL
Latino El que es flaco.

MADELIN
Hebreo Torreón resistente.

MADOX
Celta El que es ardiente.

MAGALI
Provenzal Margarita.

MAGDALENA
Hebreo La magnífica. La que vive sola en el torreón.

María Magdalena, mujer que Jesús libró de los malos espíritus y enfermedades. Estuvo al pie de la cruz y fue distinguida con una aparición de Cristo resucitado.

MAGNO
Latino   El que tiene gran fama. También: Grande.

Nombre de varios reyes de Dinamarca, Suecia y Noruega.

MAGNOLIA
Francés   Magnolia.

MAHETABEL
Hebreo   Dios hace feliz.

MAIRA
Latino   Maravillosa. Sus prodigios la hacen ver maravillosa.

MALCO
Hebreo   El que es como un rey.

Criado del sumo sacerdote, al que Pedro, discípulo de Jesucristo, cortó la oreja derecha.

MALVINA
Germánico   Amiga de la charla, quien conversa mucho.

MANCIO
Latino   El que adivina.

MANLIO
Latino   El que nació de mañana.

Manlio Capitolino, Marco, fue cónsul romano. Según la tradición, fue despertado por los gansos del Capitolio y salvó Roma del ataque galo.

MANRIQUE
Germánico   Hombre poderoso.

MANUEL
Hebreo   Dios está con nosotros.

Manuel I el Afortunado, rey de Portugal, hijo de Fernando de Portugal. Durante su gobierno expulsó a judíos y a moros, y patrocinó las expediciones de Vasco de Gama y Alvarez Cabral.

MANZUR
Arabe   El vencedor.

MARA
Hebreo   Mujer de la mar, amargura.

MARCELO
Latino   Martillo Pequeño.

Marco Claudio Marcelo, general romano, cinco veces cónsul. Durante la segunda guerra púnica, se apoderó de Siracusa, donde sus soldados degollaron a Arquímedes. Murió combatiendo contra Aníbal.

MARCIA
Latino   Que pertenece a Marte.

MARCIAL
Latino   El que es consagrado a Marte. Es también el que nació en día Martes o bien en el mes de marzo.

Marcial, Marco Valerio célebre escritor latino, famoso por sus "Epigramas", reflejo de la sociedad romana de la época.

MARCOS
Latino   El que trabaja con el martillo.

San Marcos, autor del segundo Evangelio. Fundador de la iglesia de Alejandría.

MARGARITA
Latino   La que es preciosa como las perlas.

MARIA
Hebreo   Existen varias definiciones: 1) La Señora. 2) La que es exaltada y elegida. 3) La amargura, tristeza. 4) La estrella de mar. 5) La elegida.

Santa María, nombre de la Virgen. Madre del Salvador. Hija de San Joaquín y Santa Ana. Nació en Nazaret.

MARINO
Latino　　　　El que ama el mar.

Marino de Tiro, geógrafo romano del siglo I, uno de los fundadores de la geografía matemática.

MARIO
Latino　　　　El varonil. No es derivado de MARCIO, ni de MARCOS, ni de MARINO.

MARILDA
Alemán　　　　De gran personalidad e imponente presencia. También: famosa, ilustre.

MARISA
Latino　　　　Estrella de mar.

MARON
Arabe　　　　El santo varón.

Sacerdote de Apolo en Tracia. Hijo de Euantes. Este es el que da a Odiseo el vino con que embriaga a Polifemo.

MARTA
Hebreo　　　　La que provoca. También: La reina del hogar.

Santa Marta, hermana de María y Lázaro, éste último fue resucitado por Jesucristo.

MARTE
Latino　　　　El peleador.

Marte, hijo de Júpiter y Juno. fue el dios de la guerra.

MATEO
Hebreo　　　　El "entregado" a Dios, o bien "regalo de Dios".

San Mateo, apóstol y evangelista. Fue el primero que escribió el Evangelio, seis u ocho años después de la muerte del Crucificado.

MATILDE
Germánico　　　　La virgen poderosa en la batalla.

MAURO/MAURICIO
Latino   De tez morena, el nacido en Mauritania (Africa).
También: El negro o el moro.

San Mauricio fue martirizado en los Alpes con sus 6600 soldados de la Legión Tebana.

MAYA
Griego   La que representa la ascendencia por la vía materna.

En la mitología hindú, Maya fue esposa de Brahma y representa el sueño perpetuo en el cual vive la ralea humana.

MAXIMO/MAXIMILIANO
Latino   El más grande de todos.

MEDEA
Griego   Aquella que saca provecho de la meditación.

Hija del rey de Colos, fue una maga experta en encantamientos, filtros y conjuros; enamorada de Jasón, se unió a él y lo acompañó en la expedición de los argonautas. Con su magia y la ayuda de Juno y Minerva, logró que su amante se apoderara del vellocino de oro.

MELANIA
Griego   Son de piel negra.

MELAS
Griego   Oscuro, negro.

MELECIO
Griego   Cuidadoso.

MELIBEA
Griego   La que ama y protege a los animales.

MELINA
Hebreo   La de la torre alta.

MELINDA
Griego La que canta armoniosamente. También: su inspiración artística es el amor.

MELISA
Griego Trabajadora como la abeja. También: miel de abeja.

Es llamada así una de las sacerdotisas de Démeter, de Artemis o de Rea. Hay también una versión de que fue una bellísima mujer que no condescendió a los deseos de Zeus y fue mudada en abeja por el dios.

MELISENDA
Germánico La que está dotada de enorme fuerza y carácter decidido.

MELUSINA
Griego Que es dulce como la miel.

MELVINA
Griego La que disfruta por siempre de la belleza de la juventud.

MENANDRO
Griego El varón activo, pujante.

MENELAO
Griego El que empuja a la acción a su pueblo.

Formó parte del grupo de príncipes de Grecia que pretendían la mano de Helena. Fue él quien logró casarse con la bella hija de Leda.

MERCEDES
Latino Misericordiosa. La recompensada con misericordia. También: Proclamadora de la libertad.

MERCURIO

Latino .... El que cuida los negocios.

Hijo de Júpiter y la ninfa Maya, llamado Hermes por los griegos, fue el dios del comercio, de la elocuencia y de los ladrones.

MERLE

Italiano .... Aquella que vuela y canta como un mirlo.

MERLIN

Inglés .... Halcón.

En la leyenda artúrica, profeta y mago que sirve como consejero a Uterpandragón y a su hijo el rey Artús (Arturo).

MIA

Latino .... Mía.

MIDAS

Griego .... El que es admirable en sus empresas.

Rey de Frigia, hijo de Cibeles y de Gorgio. Instruido en los misterios por Orfeo, obtuvo de Baco el don de que todo aquello que tocara se convirtiera en oro, pero muy pronto se arrepintió.

MIGUEL

Hebreo .... ¿Quién es como Dios?

San Miguel Arcángel, jefe de la milicia celestial. Considerado en la tradición judía y en la cristiana, el más noble de los ángeles.

MILBURN

Inglés antiguo .... De la corriente por el molino.

MILDRED

Germánico .... Aquella que proporciona sabio y desinteresado consejo.

MILES
Latino   El soldado.

MILTON
Inglés   El que viene del pueblo de la molienda.

MINA
Germánico   Protectora.

MINERVA
Griego   La de gran sabiduría.

Diosa romana de los artesanos, incluida con Júpiter y Juno, en la Tríada Capitolina. Su culto en Italia fue escaso.

MIRA
Italiano   La maravillosa presencia.

MIRANDA
Latino   La maravillosa. También: La que es admirada.

MIRIAM
Egipcio   La amada por Dios.

En la genealogía bíblica, hija de Amram y de Yokébed, hermana de Moisés y de Aarón.

MIRNA
Griego   La que sufre. Aquella que se conmueve del dolor y del sufrimiento.

MIRTA
Griego   Corona de belleza. También: Prototipo de belleza y hermosura.

MITRA
Persa   La que estableció un pacto con Dios.

MODESTO
Latino   Que es moderado en sus actos.

MOISES
Egipcio   El salvado de las aguas.

Moisés, hijo de Amram y de Yokébed. Es la figura más importante del Antiguo Testamento. Poeta, legislador, moralista, historiador y profeta. Sacó a su pueblo de la esclavitud.

MONICA
Griego   La que ama estar sola. De vida recatada.

MONTSERRAT
Catalán   La del monte aserrado o de forma de sierra.

MORGAN
Céltico   El que es de la mar.

Pirata inglés que participó en diversas operaciones contra las posesiones españolas en el Caribe. Fue nombrado gobernador suplente de Jamaica.

MORGANA
Céltico   La que pertenece al mar.

Hada de las leyendas célticas. Tenía el don de sanar males incurables y de predecir el porvenir.

MURRAY
Céltico   Marinero.

Río del sureste de Australia, el más largo del país.

MYRNA
Griego   Suave como el buen perfume.

N

NABOR
Hebreo La luz del profeta.

NABUCODONOSOR
Caldeo El dios Nebo protege mi reinado.
Rey de Babilonia, ejerció su predominio sobre Asiria.

NADAB
Hebreo El que es noble y generoso.
Hijo de Aarón y hermano de Abihú.

NADINA
Eslavo Que mantiene la esperanza.

NADIA
Arabe La llamada por Dios.

NADIR
Arabe Opuesto.

NAHIR
Arabe Como el arroyo manso.

NAHUM
Hebreo El consolador.
Uno de los profetas menores.

NAIN/NAIM
Arabe .... Que tiene gran belleza.

NAJLA
Arabe .... De ojos grandes.

NALDO
Germánico .... Poder.

NAPOLEON
Griego .... El que viene de la nueva ciudad (Nápoles). También: El león del valle.

NARCISO
Griego .... Bello.

Personaje mitológico, hijo del río Cefiso y de la ninfa Liriopea. Se enamoró de su propia imagen al contemplarse en las aguas de una fuente y, queriendo asirla, se precipitó en el fondo, donde murió ahogado.

NARDA
De origen desconocido ...... Llena de alegría.

NATANAEL
Hebreo .... Don de Dios.

Uno de los doce discípulos de Jesús.

NATIVIDAD
Latino .... Nacimiento. Remite al nacimiento de Jesús.

NAZARENO
Hebreo .... El que se ha separado de los demás por constricción. El que se aisla por haber hecho voto de soledad. No deriva de Nazaret.

NAZARIO
Hebreo .... El que se consagra a Dios. También: Habido en Nazaret.

NEFTALI

Hebreo — Al que Dios ayuda en su lucha. El que lucha y sale victorioso.

Hijo de Jacob y nieto de Isaac. Hermano de Levy. Al igual que sus hermanos, Neftalí es otro de los patriarcas que dieron nombre a una de las doce tribus.

NEGUIB

Arabe — Ilustre.

NELSON

Inglés — El hijo de Neil.

NEPTUNO

Griego — El que reina sobre las aguas marinas.

Llamado Poseidón entre los griegos, fue el dios del mar, sus padres fueron Saturno y Rea.

NEREIDA

Griego — Una de las ninfas del mar. También: Mujer que gusta de los ríos, de los lagos y del mar.

NEREO

Griego — El que manda en el mar.

Hijo de Océano y Tetis, se casó con Doris y tuvieron cincuenta hijas a las que los griegos llamaron Nereidas.

NERIO

Griego — Que se desplaza en el mar.

NERON

Latino — Muy fuerte e intrépido.

Nerón, Claudio César, emperador romano; adoptado por el emperador Claudio, esposo de su madre Agripina. Las intrigas de su madre lo convirtieron en sucesor de Claudio. Persiguió a los cristianos a quienes acusó del incendio de Roma.

NESTOR
Griego — Al que se recuerda con cariño. El que vuelve a su lugar de nacimiento. También: El que es recordado.

Fue un combatiente legendario en la guerra de Troya, famoso por su discreción y prudencia, vivió alrededor de doscientos años.

NICANOR
Griego — El conquistador victorioso.

Cristiano helenista, uno de los siete elegidos por los apóstoles para el cuidado de los pobres.

NICERATA
Griego — La que es amada por la victoria.

NICODEMES
Griego — El que prepara la victoria.

NICOLAS
Griego — Vencedor del pueblo. El que viene de la multitud.

Nicolás I, zar de Rusia, favoreció la emancipación de Grecia.

NICON
Griego — El hombre de la victoria.

NIDIA
Italiano — La que vive en el nido.
Griego — La que tiene dulzura y bondad.

NIEVES
Latino — El que es o la que es blanco como la nieve.

NIGEL
Latino — El de tez morena.

NIKÉ
Griego .... Victoria.

Hija del titán Palas y de Estix. Con este nombre adoraron los romanos a una diosa similar. Era venerada por el mismo Zeus, por haber tomado parte en la guerra contra los titanes. Fue tomada como diosa protectora de los combates atléticos. También en las guerras era invocada.

NILO
Egipcio .... Lo que Dios brindó para la vida.

Dios fluvial, personificación del río Homón.

NINFA
Griego .... La joven esposa, la adolescente.

Son personificación del ser misterioso que se supone habita en las montañas, los bosques, los árboles, los manantiales y los ríos. En general son seres benéficos al hombre y amables en su aspecto. Ayudan al cazador y al que va por la montaña, están con el pastor y cuidan el río.

NINO
Caldeo .... El dueño de sus palacios.

NOE
Hebreo .... El que ha recibido consuelo. También: Descanso.

Noe, padre de Sem, Cam y Jafet. Fue hijo de Lamec. Construyó por orden de Dios el arca que había de preservarle del diluvio.

NOEL
Latino .... Pascua de Navidad.

NOEMI
Hebreo .... Aquella que es de entre todas, la preferida.

NORA
Griego .... Luz.

NORMA
Latino — La que da reglas.

NORMAN
Normando — El que viene del norte.

NORTON
Inglés — Del norte.

NUBIA
Latino — Nube. También: Inalcanzable como las nubes.

NUNCIO
Latino — Mensajero, anunciador.

NUMA
Griego — El que da normas.

Numa Pompilio, rey legendario de Roma, originario de la ciudad Sabina de Cures. Fundó los colegios religiosos y elaboró el derecho sagrado.

NURIA
Latino — En homenaje a la Virgen de Nuria, Gerona España.

O

OBERON

Latino   Príncipe de los Elfos.

Nombre del rey de las hadas y de los genios del aire, en la Francia medieval.

OBERTO

Germánico   El resplandor de la riqueza.

OBDULIA

Latino   La que quita penas y dolores.

OCTAVIO

Latino   El octavo hijo de la familia.

Identifica al emperador romano Augusto. Fomentó la riqueza y progreso del imperio romano. El siglo de Augusto es el siglo de oro en la historia romana.

ODILA/ODILIA

Germánico   Dueña de una gran herencia.

ODIN

Escandinavo   El guerrero poderoso.

Dios supremo nórdico de la guerra y rey del país de los muertos. Esposo de Frigg y padre de las Valkirias.

ODILON

Germánico   Dueño de grandes bienes.

ODRAN
Germánico   El que está alerta cuidando sus posesiones.

OFELIA
Griego   La caritativa. La que socorre.

OFIR
Hebreo   El feroz.

OLAF
Germánico   El glorioso.

OLEGARIO
Germánico   El que domina con su fuerza y con su lanza.

OLGA
Ruso   La sublime.

Esposa del príncipe Igor. Se cree que fue la primera persona en convertirse al cristianismo en Rusia.

OLIMPIA
Griego   La que pertence al Olimpo (Morada de los Dioses). También: Dotada de los dones de todas las hadas del universo.

Olimpia, reina de Macedonia, madre de Alejandro Magno y esposa de Filipo II.

Antiguo santuario de Zeus, junto al río Alfeo (Peloponeso) famoso por las Olimpiadas.

OLINDA
Germánico   Protectora de la propiedad.

OLIVA
Latino   Planta de la paz.

Nombre de tres ciudades de Polonia y España.

OLIVERIO
Germánico   El del ejército de los "elfos".

OLIVIA

Latino   La portadora de paz (remite a la paloma que llevó el olivo al arca de Noé). También: la que impone la paz.

OMAR

Arabe   El elocuente. También: El de larga vida.

ONESIMO

Griego   Util, provechoso.

ONFALIA

Griego   La que posee la clave de todos los enigmas.

Fue una reina de Lidia que retuvo como esclavo a Hércules durante los tres años fijados al héroe, como expiación por el homicidio de Ifito.

ONOFRE

Germánico   El defensor de la paz.

ORALIA

Latino   Brisa. También: Que pasa rápidamente como una ráfaga de aire.

ORESTES

Griego   El que vive en los montes.

En la mitología griega, hijo de Agamemnón y Clitemnestra, hermano de Electra. Mató a su madre para vengar la muerte de su padre. Las furias lo persiguieron. Uno de los personajes más populares de la tragedia griega.

ORFEO

Griego   El que tiene buena voz.

Era poeta y músico como ninguno. Las Musas fueron sus maestras. Tal era la dulzura de su música que las fieras se domesticaban. Se casó con Eurídice, a quien después de muerta fue a buscarla al Hades.

ORIA
Latino   Valiosa como el oro.

Virgen Española cuya vida en el monasterio de San Millán, inspiró un poema a Gonzalo de Berceo.

ORION
Griego   Que trae las agujas.

Gigante griego, hijo de la Tierra y Poseidón. Fue transformado en constelación por haber intentado violar a Artemisa.

ORQUIDEA
Italiano   Tan hermosa como la más bella de las flores.

OSCAR
Germánico   La lanza de Dios.

OSIRIS
Egipcio   El de buena vista, "vista poderosa".

Personaje de la mitología egipcia que tuvo incursiones en la griega, unido a Isis, su hermana y esposa. Muerto y destrozado, ella reúne sus despojos y los hace revivir mediante la obra de Anubis. Vive en el Averno y es un dios de la fertilidad.

OSMAN
Arabe   Pequeño y dócil como un pichón.

Osmán I, sultán Turco, fundador de la dinastía Otomana.

OSVALDO
Germánico   El que gobierna con el poder de Dios.

OSVINO
Germánico   Amigo de los dioses.

OTNIEL
Hebreo   El león pequeño de Dios.

OTTO

Germánico Próspero.

OTON

Germánico El poderoso señor, el que es dueño de bienes.

Otón I, rey de germania y emperador de Alemania, llamado El Grande. Fundó el imperio romano-germánico.

OVIDIO

Latino El que es cuidador de las ovejas.

Poeta latino del siglo I, A.C. entre muchas otras obras escribió *Las Metamorfosis*.

OWEN

Celta Guerrero joven.

OZIEL

Hebreo El que lleva la fuerza del señor.

P

PABLO
Latino   El de pequeña estatura.

Uno de los doce apóstoles. Nació en Tarso de Cilicia, centro de cultura y saber griegos, de una familia judía de la tribu de Benjamín. Fue la primera gran figura del cristianismo y su primer teólogo.

PALAS
Griego   Era el sobrenombre de Atenea, hija de Zeus, Diosa de la sabiduría y la guerra.

Diosa protectora de la ciudad y el pueblo griegos. Sin embargo poseía una dualidad muy singular: Era guerrera, era pacífica; era tutora de los hogares, era destructora de los pueblos; era amparo de sabios y artistas.

PALEMON
Griego   El que lucha arduamente.

PALIXENA
Griego   La que retorna del extranjero.

PALMIRA
Latino   La de la ciudad de las grandes palmas. Remite a una ciudad Siria fundada por Salomón.

PALOMA
Latino   Paloma, pichón.

PAMELA
Griego   La que gusta del canto y la música. También: Adornada de una bella voz y del sentido del ritmo.

PANDORA
Griego   Aquella que es favorecida con todas las virtudes, todos los dones y todas las habilidades.

Según la mitología griega, fue la primera mujer sobre la faz de la tierra. Creada por Atenea y Hefesto con todas las gracias. Hermes la hizo curiosa y engañadora. Zeus le entregó una caja cerrada que Pandora destapó y todos los males que contenía se esparcieron por el mundo.

PANFILO
Griego   El amigo querido por todos.

PANTALEON
Griego   El que es fuerte en texto.

PARIS
Griego   El que mejor socorre.

Fue el último de los hijos de Príamo. Estando en cinta Hécuba, su madre, soñó que daba a luz una antorcha que incendiaba Troya.

PARMENIDES
Griego   El que es aplicado y constante.

Filósofo presocrático griego, fundador de la escuela de Elea. Sostuvo acertadas teorías astronómicas, como la de la redondez de la tierra.

PASCUAL
Latino   El que nació en las fiestas pascuales (cristianas).

PASTOR
Latino   El que cuida a sus ovejas.

PATRICIO
Latino   El de noble estirpe.

PATROCLO
Griego   El que es la alegría de sus padres.

Héroe griego, amigo inseparable de Aquiles. Muere a manos de Héctor (*La Ilíada*).

PAUL
Latino   Pequeño.

PAZ
Latino   Tranquilidad y sosiego.

PEDRO
Latino   Que es firme como una roca.

Originalmente se llamó Simón, hijo de Yoná, hermano de Andrés. San Pedro, fue el primer apóstol de Jesucristo y el primer Papa. Murió crucificado cabeza abajo, por órdenes de Nerón.

PENELOPE
Griego   La que teje con hilo grueso.

Esposa de Odiseo, símbolo de la fidelidad conyugal en *La Odisea* (Homero). Asediada por sus pretendientes durante la ausencia de su esposo, prometió casarse al terminar un tapiz que tejía durante el día y destejía en secreto durante la noche.

PERFECTO
Latino   El íntegro, completo.

PERICLES
Griego   El de dilatada fama y gloria.

Estadista ateniense, ocupó el cargo de estratego de Atenas. Bajo su gobierno tuvo Atenas, su máximo esplendor cultural y político.

PERLA
Germánico   La exquisita, hermosa. Es nombre muy usado por los israelitas.

PERSEO
Griego   El devastador.

Hijo de Zéus y Dánae, Hermes le dio una espada de diamante para que decapitara a la Medusa (La Gorgóna, cabeza de serpientes) y liberó a Andrómeda de un monstruo marino.

PETULA
Latino   Insolente.

PIEDAD
Latino   Piadosa y observadora. También: Advocación de la virgen del mismo nombre.

PILAR
Español   Nombre dado a la virgen en Zaragoza, España.

PIPINO
Latino   El de pequeña estatura.

PLACIDO
Latino   El que es manso y sosegado.

PLATON
Griego   El que tiene espaldas anchas.

Filósofo griego de origen aristocrático, recibió una formación muy completa. Tuvo por maestro a un discípulo de Heráclito y a Sócrates. Su obra más importante son los *Diálogos*.

PLAUTO
Griego   El que tiene pies planos.

Comediógrafo romano. Sus comedias se distinguen por el crudo realismo y el uso de la sátira y la crítica.

PLINIO

Latino — El que tiene muchos dones.

Escritor romano que ejerció gran influencia en la evolución científica y médica europea.

PLUVIO

Griego — El marino.

PLUTARCO

Griego — El príncipe de las riquezas.

Escritor griego autor de Vidas Paralelas y obras morales.

POLIFEMO

Griego — De quien se habla mucho. El que es famoso.

Cíclope antropófago, hijo de Poseidón, que según La Odisea, devoró a algunos compañeros de Ulises.

POMPEYO

Griego — El que encabeza la procesión. Es también el quinto de los hijos.

Pompeyo Magno, general romano encargado por Sila de la conquista de Sicilia y Africa.

PORCIA

Latino — La que se dedica a criar cerdos.

PORFIRIO

Sirio — El que es jefe y soberano y por tanto, está vestido de color púrpura.

POSEIDON

Griego — Dueño de las aguas.

Hermano de Zeus y Hades, con ellos destrona a Cronos. Fue venerado como dios de los mares y de las fuentes. Sus atributos son el tridente, el delfín y el trueno.

PRAXEDES

Griego La de firmes propósitos. Que es práctica, de gran maña.

PRAXITELES

Griego El que realiza todo prácticamente.

PRECIOSA

Latino De gran valor y estima.

PRIAMO

Griego El que fue rescatado.

Ultimo rey de Troya, en cuyo trono fue puesto por Hércules. Fue esposo de Hécuba y padre de Héctor y Paris.

PRIMAVERA

Latino De pleno vigor, lozana.

Como una de las estaciones fue consagrada a las gracias, las musas y la flora. La simbolizaban como un niño coronado de flores que lleva tirando un cabrito, cerca de un arbusto florido.

PRISCO

Latino El antiguo, de otra época.

PROMETEO

Griego El que se iguala a los dioses.

Titán y héroe griego. Por robar el fuego a los dioses y entregárselo a los hombres, Zeus le encadenó a una roca, en donde un águila le devoraba cada día el hígado, que se le renovaba durante la noche. Hércules lo liberó del suplicio.

PROSERPINA

Griego La que desea aniquilar.

Hija de Zeus y Démeter, fue raptada por Plutón, quien tomándola en brazos descendió con ella a su sombría morada.

PROSPERO
Latino   El favorecido por la fortuna.

PROTASIO
Griego   Que se esfuerza por ser el primero.

PROTESILAO
Griego   El que manda en el pueblo.

PRUDENCIO
Latino   El que obra con recato.

PTOLOMEO
Griego   Listo para el combate.

Matemático, astrónomo y géografo griego. Su sistema astronómico geocéntrico, es decir, la tierra como centro del sistema solar, dominó la astronomía durante catorce siglos.

PUBLIO
Latino   El popular, que pertenece al pueblo.

Q

QUERIMA
Arabe La generosa.

QUILIANO
Griego Enjundioso, productivo.

QUINTILIO
Latino El que nació en el quinto mes (mayo)

QUIONIA
Griego La que es fecunda.

QUIRINO
Latino El que lleva la lanza.

R

RACHA
Arabe Esperanza.

RAFAEL
Hebreo Dios es el que sana. La medicina de Dios.

Uno de los siete arcángeles, que se hallan constantemente en la presencia de Dios. Desempeña un papel importante en la historia de Tobías, principalmente como enemigo del espíritu maligno.

RAGUEL/RAHUEL
Hebreo El amigo de Dios.

Suegro de Moisés. Padre de Sara en la historia de Tobías.

RAIMUNDO
Germánico El protector que da buenos consejos. También: La protección del consejo divino.

Raimundo IV, Conde de Tolosa. Apoyó al papa Gregorio VII contra los normandos. Participó en la primera Cruzada y murió en Trípoli.

RAINIERO/RAINERIO
Germánico El que da fuertes consejos.

RAMIRO
Germánico Poderoso en el ejército que posee.

Ramiro I, rey de Asturias, hijo de Vermudo I. Elegido por los magnates a la muerte de Alfonso II, el casto, se enfrentó a los normandos y árabes.

RAMSES
Asirio   El dios Ra es el padre.

Ramsés I, fundador de la XIX dinastía egipcia.

RANDOLFO
Germánico   Que lleva el escudo del poder. También: El escudo del lobo.

RANULFO
Germánico   El guerrero consejero.

RAQUEL
Hebreo   La "ovejita" de Dios.

En la genealogía bíblica, hija del arameo Labán, esposa predilecta de Jacob, madre de Dan, de Neftalí, de José y de Benjamín.

RAUL
Francés   Guerrero arrojado, atrevido.

RAZIEL
Hebreo   Mi secreto es Dios.

REBECA
Hebreo   La de belleza encantadora.

En la genealogía bíblica hija de Betuel, hermana de Labán, esposa de Isaac y madre de los gemelos Esaú y Jacob.

REGINA
Latino   La reina. La que posee poder.

REGINALDO
Germánico   Que posee poder divino.

REINA
Latino   La que ejerce el dominio real.

REMEDIOS

Latino La que sana y alivia los males.

Advocación de la Virgen Nuestra Señora de los Remedios.

REMO

Griego El fuerte.

Hermano gemelo de Rómulo, fundadores de Roma.

RENATO

Latino El que ha vuelto a la gracia de Dios. También: El que muere y renace.

Renato de Anjou, el Bueno. Duque de Lorena. Conde de Provenza y rey de Nápoles y Cataluña. Gran humanista, escribió obras didácticas en prosa y poesías.

RICARDO

Germánico Que es muy poderoso.

Ricardo I, corazón de León. Rey de Inglaterra, tercer hijo de Enrique II y Leonor de Aquitania. Se enfrentó y venció a su padre al que sucedió a su muerte. Participó con Felipe Augusto de Francia, en la tercera cruzada.

RICARIO

Germánico El ejército del caudillo.

RIGOBERTO

Germánico El que es esplendoroso por su riqueza.

ROBERTO

Germánico El que resplandece al dar consejos. Que es ilustre por su palabra consejera.

Roberto I, emperador de Constantinopla. Fue derrotado por Juan III Ducas, quien se apoderó del Asia menor y de Tracia.

ROBOAM

Hebreo El que colma de bienes al pueblo.

Primer rey de Judá, hijo de Salomón y de Naamá. Fue derrotado por las tribus del norte, que proclamaron a Jeroboam I, y constituyeron el reino independiente de Israel.

ROCIO
Latino   La que da gracia. También: Su presencia es refrescante y reconfortante.

RODE
Griego   Conjunto de rosas, dispuestas en forma de corona.

Hija de Poseidón y Anfitrite. Al hacer salir del mar la isla de Rodas, que lleva su nombre, Helios se la atribuye y en la Ninfa engendra siete hijos y una hija.

RODOLFO
Germánico   El guerrero ansioso de gloria.

Rodolfo I, de Hamburgo, emperador de Germania que obtuvo la corona en perjuicio de Alfonso X de Castilla. Fundador de la casa de Austria.

RODRIGO
Germánico   Célebre por su gloria.

Rodrigo Díaz de Vivar, el Cid Campeador, personaje semihistórico y semilegendario. Su fama proviene de su lucha contra los moros, que ocupaban España.

ROGELIO/ROGERIO
Germánico   El de la lanza gloriosa.

ROMA
Griego   La fuerte y poderosa.

ROMAN
Latino   El que ha nacido en Roma.

ROMELIA
Hebreo   La muy amada de Dios.

ROMEO
Latino   El peregrino a Roma.

Personaje central de la obra dramática *Romeo y Julieta*, de William Shakespeare.

ROMINA
Arabe   De la tierra de los cristianos.

ROMUALDO
Germánico   El rey glorioso.

ROMULO
Griego   El que está lleno de fuerza.

Junto con Remo, su hermano gemelo, nació de los amores de Marte con la vestal Silvia Rea. Abandonados a orillas del Tiber, fueron amamantados por una loba. La disputa entre ellos por el lugar de fundación de la ciudad de Roma, acabó con la vida de Remo.

ROQUE
Latino   El que es fuerte como una fortaleza. Que ha sido elevado.

ROSA
Latino   Que es bella como una Rosa (la flor).

Santa Rosa de Lima, patrona del Perú, Filipinas e Indias.

ROSALINA
Germánico   Escudo de la fama.

ROSALINDA
Germánico   Suave y hermosa como la rosa.

ROSAMUNDA
Germánico   La protectora de los caballos.

ROSARIO
Latino   La guirnalda de rosas.

ROSAURA
Hebreo Rosa de oro.

ROSENDO
Germánico El excelente señor.

ROSMIRA
Germánico Célebre guerrera a caballo.

ROSWINDA
Germánico Guerrera muy famosa.

ROXANA
Sánscrito La esplendorosa.

Princesa persa hija de Oxiartes. Casó con Alejandro Magno del que tuvo un hijo póstumo.

RUBEN
Egipcio El sol que resplandece.
Hebreo Dios me ha dado un hijo.

En la genealogía bíblica, hijo mayor de Jacob y Lía.

RUBINA
Latino Bella como el rubí.

RUFO
Latino El que es pelirrojo.

RUPERTO
Germánico El que resplandece con sus consejos.

RUTH
Hebreo La que es fiel compañera.

S

SABA
Hebreo El convertido.

SABINA
Latino La que vino de Sabina.

SABRINA
Latino La que nació o vino de Sevem (Gran Bretaña).

SADOC
Hebreo El justo.

En la Biblia, el sumo sacerdote hebreo que por mandato de David, ungió como rey a Salomón.

SAFO
Griego La que ve con claridad.

Poetisa griega famosa por sus apasionados çantos al amor Lesbio. Platón la llamó por su maestría y sensibilidad "La décima Musa".

SAGRARIO
Hebreo Arcón de bellos sentimientos.

SALATIEL
Hebreo El que fue pedido a Dios.

SALOMON
Hebreo   El príncipe pacífico.

Nombre del más célebre rey de Israel, hijo de David y de Batsebá. Mandó construir el gran templo de Jerusalén y un palacio real. A su muerte, el reino se dividió en dos: Israel y Judá.

SALUSTIO
Latino   El que ofrece la salvación.

SALVADOR
Latino   El que redimió a los hombres.

SALVIO
Latino   El que es íntegro, que goza de una buena salud.

SAMUEL
Hebreo   El que fue pedido a Dios. Al que Dios ha escuchado.

Sumo sacerdote, profeta y último juez de Israel. Consagró como reyes a Saúl y David.

SANDY
Inglés   Arenoso, por el cruce arenoso.

SANSON
Hebreo   El sol pequeño.

Juez de Israel, su legendaria fuerza física radicaba en su cabellera. Fue traicionado por Dalila. Su actuación por liberar a su pueblo frente a los filisteos se narra en el Libro de los Jueces.

SANTA
Hebreo   Mujer de vida ejemplar.

SARA
Hebreo   Princesa.

Personaje bíblico del antiguo testamento, esposa de Abraham y madre de Isaac.

SARASAR
Asirio   Dios protege al príncipe.

SATURNO
Latino   Protector de siembras.

En la mitología griega, fue hijo del cielo y de la Tierra o sea de Urano y Gea. Como su padre al morir, le anunció que un hijo suyo tenía que destronarlo del reino, cuantos hijos nacían, eran devorados por él, excepto Zeus, quien lo destronó de acuerdo a la profecía.

SAUL
Hebreo   El anhelado. El que ha sido pedido a Dios.

Primer rey de Israel, pertenecía a la tribu de Benjamín y fue ungido por Samuel. Enemistado con su yerno David y con Samuel, perdió el favor de su pueblo y actuó arbitrariamente.

SAULO
Griego   El que es tierno y delicado.

SAXON
Germánico   De la ciudad de Saxon.

SEBASTIAN
Griego   Augusto y digno de veneración.

San Sebastián, mártir cristiano, oficial del ejército romano. Se convirtió al cristianismo y fue víctimado con flechas y azotes, hasta su muerte.

SEGISMUNDO
Germánico   El protector victorioso.

SELENE
Griego   Luz, resplandor. La que alumbra en la oscuridad.

142 • Origen y significado de los nombres propios

Diosa lunar. En la mitología griega tenía gran influencia en todos los comportamientos humanos: en la vida orgánica y especialmente en la vida sexual.

SELENIA
Griego   La que es hermosa como la luna. También: Cambiante como la luna.

SELINA
Griego   Dotada de sensibilidad y talento.

SELIM
Arabe   El sano.

Selim I, el cruel. Sultán Turco-Otomano quien destronó a su padre y asesinó a sus hermanos y sobrinos. Conquistó parte de Persia y anexó Siria y Egipto a su reino.

SELMA
Arabe   Que tiene paz.

SEM
Hebreo   El lleno de fama.

Hijo primogénito de Noé. Conforme a la índole de la cronología bíblica, murió a los 600 años de edad. De él tomó nombre la raza semita.

SEMIRAMIS
Asirio   La que es amorosa como las palomas.

SENAQUERIB
Asirio   Los hermanos de la luna. Es también: "destructor de sus enemigos".

Hijo del gran rey asirio Sargón y sucesor de su padre en el trono. Sometió Siria y Palestina, conquistó Chipre y Destruyó Babilonia. Convirtió a Nínive en una gran ciudad.

SENECA
Latino   El anciano venerable.

Filósofo y escritor hispano-romano, preceptor de Nerón, por orden del cual tuvo que suicidarse.

SERAFIN
Hebreo — El ángel flamígero. La serpiente.

Cada uno de los espíritus que forman el segundo coro angélico.

SERGIO
Latino — El que protege y custodia.

SERVANDO
Latino — El que debe ser salvado y conservado.

SERVIO
Latino — El hijo de esclavos.

Servio Tulio, sexto rey de Roma. La tradición le atribuye la primera gran ampliación de Roma.

SETH
Hebreo — El sustituto.

Hijo de Adán y Eva, hermano de Caín y Abel.

SEVERO / SEVERINO
Latino — El que es austero e incorruptible. También: Austero, rígido.

Severo Alejandro, emperador romano. Consolidó los poderes del Senado y fue tolerante con las religiones.

SIBILA
Griego — La que tiene el don de la profecía.

Profetiza de Apolo, hija de Dárdano y Neso, cuya fama acabó por convertir en genérico para esta clase de sacerdotisas, su nombre.

SIDNEY
Francés — Barbechador de Saint Denis.

SIDRAC
Asirio — Así lo ha determinado el sol.

SIGFRIDO

Germánico   El que asegura la paz con su presencia.

Héroe germánico-escandinavo de gran fuerza y belleza y pese a ser casi invulnerable, fue destinado a morir trágicamente. Rescató a Brunilda, pero no la desposó, quien ofendida le hizo asesinar.

SILENIA

Hebreo   Aquella que prefiere la soledad y el silencio.

SILVANA

Hebreo   Mujer que camina grandes distancias.

SILVESTRE

Latino   El que vive en la selva.

San Silvestre I, papa romano que bautizó al emperador Constantino el Grande.

SILVIA

Latino   De la selva.

SIMON

Hebreo   El que me ha escuchado.

Simón el Cananeo, uno de los doce apóstoles de Jesús. Fue crucificado en Suamir.

SION

Hebreo   El monte elevado.

Arabe   El refugio y protección.

SIRO

Latino   El que vino de Siria. Es también: El brillante como el sol.

SIXTO

Griego   El cortés. El de buen trato. (No significa el "sexto", como algunos autores lo indican).

Nombre de cinco papas.

SOCORRO
Latino   La que está pronta a dar ayuda.

SOCRATES
Griego   El que es sano y fuerte. Que tiene autoridad.

Filósofo griego. Su figura permanece oscura ya que no escribió y sus numerosos discípulos dejaron testimonios contradictorios. Fue obligado a beber la cicuta (veneno mortal), después de haber sido acusado de corromper a la juventud.

SOFIA
Griego   La que tiene sabiduría.

Santa Sofía, viuda romana, madre de las Vírgenes Fe, Esperanza y Caridad.

SOFOCLES
Griego   El glorioso por su sabiduría.

Poeta trágico griego. De su producción sólo se conservan siete tragedias: Ayax, Antígona y Edipo Rey, entre otras.

SOL
Latino   De fe luminosa.

SOLANGE
Latino   La que ha sido consagrada en forma solemne.

SOLEDAD
Latino   La que ama y desea estar sola.

STANLEY
Eslavo   Orgullo del campamento.

STELLA-MARIS
Latino   Estrella del mar. Se usa en Latín.

SUSANA
Hebreo   La que es hermosa como una azucena.

T

TABAEEL
Hebreo ¡Qué bueno es Dios!

TABARE
Guaraní La que vive sola o retirada del pueblo.

TABITA
Hebreo Que es como una gacela.

Joven que fue resucitada por San Pedro.

TACITO
Latino El que es más callado. ·

Historiador romano. Recopiló la historia del Imperio en *Los Anales.*

TADEO
Sirio El prudente. El que alaba.

San Judas Tadeo, uno de los doce apóstoles llamado "el hermano de Jesús".

TAIS
Griego La que es muy hermosa.

TALIA
Griego La que es fecunda y brota con esplendor. También: Mujer caracterizada por su disposición . a la creatividad.

Musa griega de la comedia y de la poesía ligera.

TANIA
Eslavo   Soberana del reino de las hadas.

TAMARA
Hebreo   Que brinda alegre refugio. También: Palmera.

Una hija del rey David. Así se llamó también una reina medieval de Georgia.

TARA
Celta   Torre.

TARE
Hebreo   Que tuvo una profunda tristeza.

TELESFORO
Griego   Que lleva a buen fin sus empresas.

TEOBALDO
Germánico   El príncipe valiente.

TEODATO
Germánico   El que es guerrero de su pueblo.

TEODOLINA
Germánico   La que es amable con la gente de su pueblo.

TEODORICO
Germánico   El gran gobernador de su pueblo.

TEODORO
Griego   El regalo de Dios.

TEODULO
Griego   El que es ciervo de Dios.

Entre los doce santos de este nombre, San Teódulo estilita, gobernador de Constantinopla, por imitar a San Simeón, pasó 48 años sobre una columna.

TERENCIO

Latino — El que trilla.

Comediógrafo latino de origen Libio. Escribió hábiles adaptaciones de piezas griegas, en especial de Menandro y otros autores de la nueva comedia ática.

TERESA

Griego — La cazadora.

Santa Teresa de Jesús, doctora de la Iglesia, célebre por su misticismo y por sus escritos; reformó la orden religiosa del Carmelo.

TERPSICORE

Griego — La que se deleita con el baile.

Musa griega de la danza.

TESEO

Griego — El fundador.

Héroe mitológico griego. Fue rey de Atenas durante 30 años. Dio muerte al Minotauro de Creta y logró salir del laberinto donde éste habitaba, gracias a la ayuda de Ariadna.

TETIS

Griego — La que alimenta, la nodriza.

Hija de Urano y la Tierra, se casó con Océano. Fue la más famosa de las Nereidas y una de las principales divinidades marítimas; madre de Aquiles.

THAIS

Griego — La de la cabeza cubierta.

Bella mujer modelo del escultor Fidias. Al morir Alejandro Magno, al que estaba unida, casó con Tolomeo, en Egipto.

THOR

Escandinavo — Dios del trueno.

Dios escandinavo de la tormenta y de la guerra, hijo de Odín.

TIBERIO

Latino   El que nació o vino del Tiber.

Emperador romano, hijo de Claudio Nerón y Livia Drusila.

TIBURCIO

Latino   El nacido en el lugar de las delicias.

TICIANO

Latino   El gigante.

TIMOTEO

Griego   El que honra a Dios.

San Timoteo. Colaborador y discípulo predilecto de San Pablo. Fue el destinatario de dos de sus epístolas. Murió martirizado.

TIRSO

Griego   El que está coronado de hojas de parra.

Tirso de Molina, comediógrafo español. Compuso alrededor de 400 comedias, entre las que destacan *El burlador de Sevilla* y *La prudencia en la mujer*.

TITO

Latino   El valiente defensor.

Tito Flavio Vespasiano. Emperador romano. Participó en las guerras contra Germania y Britania. Capturó y saqueó Jerusalén. Fue él quien terminó de construir el Coliseo romano.

TOBALDO

Germánico   Del pueblo audaz.

TOBIAS

Hebreo   Lo bondadoso del señor. El único bien es el señor.

De la tribu de Neftalí, tuvo por mujer a Ana y por hijo a Tobías.

TOMAS
Hebreo .... El hermano gemelo.

Santo Tomás, apóstol de Jesucristo, célebre por la incredulidad que mostró después de la resurrección de su Maestro.

TORA
Alemán .... Alegre, ágil y estrepitosa como el trueno.

TORCUATO
Latino .... Adornado con un collar o guirnalda.

TORIBIO
Griego .... El que fabrica arcos.

San Toribio, prelado Español, consejero de la Inquisición, fue arzobispo de Lima, donde ejerció una gran labor pastoral, cultural y legal.

TOSCANA
Latino .... La que vino de o nació en Etruria (Toscana).

TRINIDAD
Latino .... Las tres personas en un solo Dios.

Término con que el cristianismo designa el misterio de la Unidad de Dios en tres personas: Padre, Hijo y Espíritu Santo.

TRISTAN
Latino .... El que lleva su tristeza consigo, sin divulgarla.

Personaje de la leyenda medieval *Tristán e Isolda*, célebres amantes de la historia.

TROILO
Egipcio .... El que nació en Troya.

TULIO
Latino .... El que fue "elevado" por voluntad del padre (Jesús). También: El que alegra el ánimo de los otros.

U

UBALDO
Germánico   El del espíritu audaz e inteligente.

ULFO/ULFIO
Germánico   El que es audaz como un lobo.

ULISES
Griego   El que está muy irritado. También: El de la gran corona.

Hijo de Laertes y Anticlea, fue rey de la isla de Itaca. Pretendió a Helena, pero cuando ésta fue otorgada a Menelao, él se casó con Penélope. Personaje central de La Odisea, de Homero.

UR
Hebreo   El que destella, el que da luz a la comarca.

URANIA
Griego   La que es poseedora de un gran talento.

Venus Urania fue considerada como la diosa del amor puro. A los hombres no les era permitido entrar en su templo, en Lesbos.

URANO
Griego   El celestial. Dios del cielo.

Dios del cielo, fue el primero de todos los dioses para los griegos. Su padre fue Éter o sea, el aire y su madre Gea, o sea, la Tierra.

URBANO
Latino   El que es muy cortés.

URIEL
Hebreo   La luz poderosa de Dios.

Uno de los Arcángeles.

URSO
Latino   El que es fuerte como un oso.

URSULA
Latino   La que es graciosa como una osa pequeña.

V

VALDA
Alemán — Mujer de gran valentía y heroína de la batalla.

VALENTIN
latino — El que es sano y robusto.

VALERIO
Latino — Es variedad del anterior.

VALQUIRIA
Escandinavo — La que elige a los que morirán en sacrificios.

Cada una de las hijas de Odín que designaban los guerreros que debían morir en combate y los conducían al Valhalla (Paraíso de Wotan-Odín, entre los germanos y escandinavos).

VANESSA
Griego — Mariposa.

VANIA
Hebreo — Don gracioso de Dios.

VARO
Latino — El que es patizambo.

VEDA
Hindú — Mujer que obra con sapiencia y cordura.

Cada uno de los libros sagrados que constituyen el Canon religioso hindú.

VENANCIO
Latino — El que es aficionado a la caza.

VENTURA
Latino — El que tendrá un suceso feliz, venturoso. Es también: El que augura bienaventuranza.

VERA
Eslavo — La que tiene Fe.
Hebreo — Aquella que siempre dice y vive en la verdad.

VERDA
Hebreo — Por siempre jovial y lozana.

VERNA
Hebreo — La que nace en la primera de las estaciones. La primavera.

VERARDO
Germánico — El que es fuerte como un oso.

VERO
Latin — Verdadero, real.

VERONICA
Griego — Verdadero retrato.

Mujer judía que cuando Jesús subía al Calvario, le limpió el rostro con un lienzo en el que quedó grabada la imagen del Salvador.

VESTA
Griego — La que mantiene el fuego sagrado.

Hija primogénita de Saturno y de Rea, fue la Diosa del Fuego y del Hogar Doméstico. Inventó la construcción de casas. Su culto consistía principalmente en mantener el fuego sagrado y de eso se encargaban las vestales.

VICENTE
Latino — El que ha conseguido la victoria.

San Vicente de Paul fue un religioso franciscano llamado el Apóstol de la Caridad.

VIDAL
Latino El que es fuerte y lozano. Al que se le necesita para vivir.

VIGILIO
Latino El que es cuidadoso, que está siempre alerta.

VILFREDO
Germánico El que reina en paz y concordia.

VIOLA
Latino La que causa regocijo.

VIOLETA/ VIOLANTE
Latino La que es modesta. Remite a la flor.

VIRGILIO
Latino El que tiene lozanía y verdor.

Es considerado el Príncipe de los Poetas Latinos. Murió antes de concluir su mejor obra: La Eneida.

VIRGINIA
Latino La que es pura como la Virgen.

VITELIO
Latino El que cría terneros.

Vitelio Aulo, proclamado emperador romano, por sus tropas, a la muerte de Galva, fue derrotado en Cremona y asesinado poco después en Roma.

VITO
Latino El que goza y está lleno de alegría.

VIVALDO
Germánico El animoso, el que está vivo.

VIVIANA
Celta La pequeña. También: La pequeña de la familia.

W

WAGNER
Germánico El que conduce el carro.

WANDA
Germánico Maravillosa.

WILEBALDO
Germánico El que es de firme voluntad y audaz.

WINEBALDO
Germánico El amigo valiente, osado, audaz.

WINEFRIDA
Germánico La que es amiga de la paz.

WITBURGA
Germánico La que protege el bosque.

WITERIO
Germánico El que es diestro en manejar la lanza.

WOLFANGO
Germánico Por donde pasa el lobo.

X

XANTO
Griego El que tiene cabellos rubios.

XANTIPO
Griego El que cría caballos tordillos.

XENIA
Griego La que da hospitalidad. También: La que es considerada extranjera.

XILANDRO
Griego El que trabaja, que cala, la madera.

Y

YABAL
Hebreo — Padre. También: Protector de los que viven en tiendas y guardan ganados.

YACK
Asiático — Búfalo.

YAMBO
Sánscrito — Arbol grande.

YANUARIO
Latino — El mes de enero consagrado a Ianus, el Dios Jano.

YARA
Guaraní — La que es señora de su casa.

YAROSLAO
Eslavo — El que posee gloria divina, el enviado.

YOLÉ
Griego — La que es bella como la violeta (flor).

Nombre de la amante de Hércules que fue la causa de la muerte del héroe porque Deyanira, cegada por los celos le envió la túnica envenenada del centauro Neso.

YVONNE
Germánico — La arquera.

Z

ZABA
Hebreo — La que ofrece un sacrificio a Dios.

ZABAD
Hebreo — El regalo precioso.

ZABDIEL
Hebreo — El regalo precioso del señor.

ZACARIAS
Hebreo — El recordado por Dios.

Padre de San Juan Bautista y esposo de Santa Isabel. Uno de los doce profetas menores.

ZAHIR
Arabe — El que visita, el visitante.

ZAIDA
Arabe — La señora, la que caza. También: La que se encuentra en constante evolución, la que crece.

ZAIRA
Arabia — Protectora de las plantas y de las flores.

ZAMBRI
Hebreo — El que canta bien.

ZARA
Hebreo — La luz, la que ilumina.

ZEUS

Griego   Rey de los dioses del Olimpo.

Dios supremo del Panteón griego. Soberano de los dioses olímpicos, hijo de Cronos y Rea. Su madre lo salvó de ser devorado por su propio padre, suerte que corrieron sus hijos anteriores. Su esposa definitiva fue Hera.

ZOE

Griego   Aquella que aprende, produce, ama y vive.

ZOILA

Griego   La favorecida con vivacidad y dinamismo.

ZORAIDA

Arabia   La elocuente y vivaz.

ZOROASTRO

Persa   Dios de los persas.

También llamado Zaratustra. Fue un filósofo cuya fecha de nacimiento hacen variar hasta en 900 años.

ZULEICA

Arabe   Mujer hermosa.

ZULIMA

Arabia   La que disfruta de cabal salud y vigor.

Nombres formados por combinaciones o contracciones

ADABEL (Ada-Bella).
ADALUZ (Ada-Luz).
AIDELIA (Aidé-Helia).
ALAN (contracción de Alano).
ALINA (Alicia-Adelina).
ANABEL (Ana-Bella).
ANALIA (Ana-Lía).
ANAMIA (Ana-María).
ANATILDE (Ana-Matilde).
ANELINA (Ana-Elina).
ANELISA (Ana-Elisa).
ANTULIO (Antonio-Tulio).
BERNAL (contracción de Bernaldo).
CLARA (Clara-Bella).
CLARISA (Clara-Elisa).
DALMIRO (contracción de Adalmiro).
DELIL (Delia-Lily).
DORANA (Dora-Ana).
DORELIA (Dora-Delia).
DORINDA (Dora-Linda).
ELOISA (Eloy-Luisa).
FERNAN (contracción de Fernando).
GLORIANA (Gloria-Ana).
LILIANA (Lilia-Ana).
LUCELIA (Luz-Celia).
LUZMA (Luz-María).

MAITE (María-Teresa).
MALISA (María-Elisa).
MARIANGELES (María-Angeles).
MARIBEL (María-Isabel).
MARICRUZ (María-Cruz).
MARISA (María-Isabel).
MARISOL (María-Sol).
MAYTE (María-Teresa).
ORIANA (Oria-Ana).
ROSALBA (Rosa-Alba).
ROSALIA (Rosa-Lía).

Nombres de lugares que pueden usarse para personas

AFRICA
ALEJANDRIA
ALEMANIA
ALTAMIRA
AMERICA
ANTA
ANTIOQUIA
ARGELIA
ARGENTINA
ARMENIA
ARUNDEL
ARUNE
ARUSHA
BITINIA
BOLIVIA
CEILAN
CINTI
CIRENE
DORILEA
ESMIRNA
EUROPA
FRIGIA
FRISIA
GINEBRA
HELVETIA

HOLANDA
ILIRIA
IRAN
IRLANDA
IRAI
ITALIA
JAEN
JIMENA
KERRY
LIBIA
LICIA
MAURITANIA
MAYARI
MAYO
MORAVIA
NUBIA
PALESTINA
PALMEIRA
PALMIRA
PERSIA
SINAI
TESALIA
TETUAN
THIELT
TIANA
UADAI
UAZAN
YAFNA
YANINA
YASSY
ZEILA

Variaciones, derivados, diminutivos y formas femeninas de otros nombres

Abreviaturas: V. (variación), D. (derivado), Dim. (diminutivo), F. (femenino), M. (masculino)

A

ABI	V. de Abigail
ADAMANTINA	V. de Diamantina.
ADELIA	V. de Adela.
ADELINA	V. de Adelaida.
ADILIA	V. de Adela.
ADMEO	V. de Edmundo.
ADINA	V. de Adena.
ADRIANA	F. de Adrián.
ADRIANO	V. de Adrián.
AGATA	V. inglesa de Agueda.
AGLAÉ	V. de Aglaia.
AILED	V. de Delia, escrito al revés.
AIRY	V. francesa de Agerico.
ALARCIA	F. de Alarico.
ALBERTINA	F. de Alberto.
ALEXANDRA	V. de Alejandra.

ALEXIS	V. de Alejo.
ALFONSINA	F. de Alfonso.
ALICIA	V. de Alejo.
ALIDA	V. italiana de Elida.
ALINA	V. de Adelina
ALIDIA	V. de Alida.
AMARO	V. portuguesa de Mauro.
AMELIO	M. de Amelia.
ANGELICA	F. de Angel
ANSALDO	D. de Osvaldo.
ANTONINO/	V. de Antonio.
ANTONELLA/	
ANTONIETA/	
ANTONINA/	
ANTON	
APOLONIO	V. de Apolinar.
ARGENTINO,	V. de Argentina.
ARGENTIA,	
ARGENTA	
ARMELIO	V. de Hermenegildo.
ARMENGOL	V. catalana de Hermenegildo.
ARMINDA	V. femenina de Armando.
ARNOLDO	V. de Arnaldo.
ARPINO	V. de Agripino.
ARTEMIS /	V. de Artemio.
ARTEMISA	
ARTEMO	V. de Artemio.
ATAULFO	V. de Adolfo.
AUREA	V. de Aurelia.
AURELIANO	V. de Aurelio.
AUSTROBERTO	V. de Austreberto.
AZARAEL	V. de Azriel.

B

BARTOLO	Dim. de Bartolomé.
BASLE	V. de Basilio.
BAUDILIO	V. de Baudelio.
BELA	V. húngara de Adalberto o Alberto.

BELEM	V. de Belen.
BELLA	V. de Isabel, que a su vez lo es de Elizabeth.
BENEN	V. de Benigno.
BENILDE	V. de Benilde.
BENITO	V. de Benedicto.
BERNARDETTE	V. francesa de Bernardo.
BERTRAN	V. de Beltrán.
BIBIANA	V. de Viviana.
BONI	Dim. de Bonifacio.
BRAULIA	F. de Braulio.
BRIGITTE	V. francesa de Brígida.
BUGAMBILIA	V. de Bugamvilia.

C

CAMELIA	V.F. de Camilo.
CANDELAS	V. de Candelaria.
CARLA	F. de Carlos.
CARLINA	V. de Carla.
CARLOTA	V.F. de Carlos.
CARMINA	V. de Carmen.
CAROL	V. de Carla.
CAROLA / CAROLINA	V. de Carla y Carlota.
CASIO	V. de Casiano.
CATERINA	V. de Catalina.
CELINA	V. de Celestina.
CELIO	V. de Celestino.
CESAREO	V. de César.
CESIRA	V. F. de César.
CIRILO	D. de Ciro.
CLARISA	V. de Clara.
CLAUDINA	Dim. de Claudia.
CLEMENTINO	V. de Clemente.
CLEONICA	F. de Cleónico.
CLOTILDE	V. de Clodoveo.
CLOVIS	V. de Clodoveo.
COLETA	D. de Nicolasa.

COLETTE	V.F. de Nicolás.
COLOMA	V. de Columba.
CONSTANZA	V. de Constancio.
COSIMO	V. de Cosme.
CLICERIO	V. de Gliserio.
CRISPIN	V. de Crispo.
CRISTINA	F. de Cristian.
CYNTIA / CINTHIA	V. de Cintia.
CZARINA	V. de Zarina.
CHAIM	V. española de Jayim y Jaim.

D

DAIANA	V. inglesa de Diana.
DALINDA	V. de Delia.
DALMA	V. de Dalmacio.
DANILA	V. de Daniel.
DEBRA	V. de Deborath.
DELFIN	V. de Delfin.
DELIA	V. de Diana.
DELINA	V. de Delia.
DELMIRA	V. de Edelmira.
DEMETRIO	M. de Démeter.
DENISA	V. de Dionisia.
DESIREE	V.F. de Desiderio.
DEUSDEDIT	V. de Diosdado.
DIDIER	V. francesa de Desiderio.
DIEGO	V. de Iago, Yago.
DINA	V. de Daniela.
DINO	V. de Bernardino.
DIODORO	V. de Teodoro.
DIOMIRA	V. de Teodomira.
DIVINA	D. de la Divina Providencia.
DOMINIQUE	V. francesa de Domingo.
DORA / DORINA	D. de Dorotea, Teodora, Isidora.

E

EDELBERTO	V. de Adalberto.

EDELIA	V. de Adela.
EDITA	V. de Edith.
EDMEA	F. de Edmundo.
EDWIGIS	V. de Eduvigis.
EFISO	V. Efisio.
EFREM	V. de Efraím.
ELDA	V. italiana de Hilda.
ELEONORA	V. de Elena.
ELGA	V. de Helga.
ELIDA	V. de Alida.
ELIÉCER/	V. de Eleazar.
ELIEZER /	
ELIAZAR	
ELISA	V. de Elisabeth.
ELMA	V. de Guillermina.
ELMER	D. de Edelmiro.
ELOINA	F. de Eloy.
ELOY	V. de Eligio.
ELSA	V. germánica de Elisa.
EMA	V. de Emma.
EMELINA	V. de Irma.
ENEKO	V. arcaica de Iñigo.
ERACLIO	V. de Heraclio.
ERLINDA	V. de Hermelinda.
ERMIRO	V. de Herminio.
ERNA	V. de Ernesto.
ERNAN	V. de Hernán.
ESTEFANIA	F. de Esteban.
EVELINA	V. de Eva.
EUSTELIA	V. de Eustolia.
EZRA	V. de Esdras.

F

FABIANO	V. de Fabián.
FABIOLA	F. de Fabio.
FANNY	V. inglesa de Francisca.
FEBES	V. de Febe.
FRADIQUE	V. portuguesa de Federico.

FRESVINDA	V. de Froylán.
FROILA	F. de Froylán.

G

GERALDINA	F. de Gerardo.
GISELDA	V. de Gisela.
GLADIS *o GLADYS*	V. de Claudia.
GLENDA	V. de Claudia.
GRACIA	V. de Graciela.
GRETA	Dim. alemán de Margarita.
GUEREN	V. de Guarino.
GUIDON	V. de Guido.
GUVENDOLINA	V. de Güendolina.

H

HAYDÉE	V. de Haidée.
HEBERTO	V. evolucionada de Herberto.
HELENA	V. de Elena.
HELGA	V. rusa de Olga.
HELIA	F. de Helios.
HELIANA	V. de Eliana.
HERACLES	V. de Heraclio.
HERALDO	V. de Haraldo.
HENRIQUE	V. portuguesa de Enrique.
HERMENEGILDO	V. de Armengol.
HERMIA	F. de Hermes.
HERMINIA	F. de Hermes.
HERMION	D. de Hermes.
HERNAN	V. de Fernando.
HONESTO	V. de Honorato.

I

IAGO/ SANTIAGO	V. de Jacobo.
IARA	V. de Yara.
IBO	V. de Ivo, Ivón.
ICIAR	V. de Iziar.
IDARA	V. femenina de Alvaro.

IDOLINA	D. de ídolo.
ILDA	V. de Hilda.
ILEANA	V. rumana de Elena.
ILONA	V. húngara de Elena.
IMMA	V. de Emma.
IRENEO / IRINEO	M. de Irene.
ISABELA	V. de Isabel.
ISELDA	V. de Gisela.
ISEO	V. de Isola.
ISIDRO	V. de Isis.
ISOLINA	Dim. italiano de Isolda.
IVAN	V. rusa de Juan.
IVO	V. de Juan.
IVONNE	V. de Yvonne.
IUDICAEL	V. céltico de Judit.

JACOB	V. de Jacobo.
JACOME	V. de Jaime.
JACQUES	V. francesa de Jacobo.
JAQUELINE / JACQUELINE	V. inglesa y francesa de Jacobo.
JAFET	V. de Juan.
JESUSA	F. de Jesús.
JIMENA	F. de Simeón.
JOLE	V. de Yole.
JOSEFINA	Dim. de Josefa.
JUDIT / YUDIT	F. de Judas.
JULIANO	V. de Julián.
JULIETA	V. de Julia.

K

KAREN	V. danesa de Catalina.
KAY	V. de Katherine.
KHALIL	V. de Jalil.
KOLDAVICA	V. vasca de Luis.

L

LAERCIO	V. de Laertes.
LAUREANO	V. de Lauro.
LAURENTINA	V. de Lorenzo.
LAZARO	V. de Eleazaro.
LEA	V. de Lía.
LENA	V. hebrea de Magdalena.
LEONELA	V. de León.
LEONILA	V. de Leda.
LEONTINA	F. de Leoncio.
LIA	D. de Rosalía.
LIANA	V. de Juliana.
LICIA	V. de Lucía.
LIDA	V. de Lidia.
LILIA	V. de Azucena.
LILIANA	V. española de Lilia.
LINA	F. de Lino.
LITA	V. de Margarita.
LORENA	D. de Lorraine, Francia.
LUCIANO	V. de Lucio.
LUCIA	V. de Lucio.
LUCILA	V. de Lucio.
LUCINDA	V. poética de Lucina.
LUCIO	V. de Lucas.

M

MAFALDA	V. de Matilde.
MAGALI	V. provenzal de Margarita.
MAIA / MAIDA / MAIRA	V. de Magdalena.
MANLIO	V. de Manio.
MANRICH	V. germánico de Manrique.
MARCELINO	V. de Marcos.
MARCELO	Dim. de Marcos.
MARIAN	V. de Mariana.
MARIANO	V. de María.
MARION	V. de María.
MARSELLA	V. de Marselia.
MARTA	V. de María.

MARCIO	V. de Martín.
MATIAS	V. de Mateo.
MAXIMILIANO	V. de Máximo.
MAURILIO	D. de Mauro.
MEDI	V. catalana de Emeterio.
MELCIADES	V. de Melquíades.
MELENDO	D. de Hermenegildo.
MICAELA	F. de Miguel.
MILLAN	D. de Emiliano.
MILENA	V. de Magdalena.
MIREN	V. vasco de María.
MIREYA	V. de María.
MIRIAM	V. de María.
MIRTA	V. de Marta.
MITZI	V. austriaca de María.

N

NADIA	V. eslava de Esperanza.
NADINA	V. de Nadia.
NANCY	Dim. de Ana.
NARDA	Origen incierto.
NASLA	V. de Najla.
NATAL,	V. de Natalio (a).
NADAL,	
NATALINA,	
NATACHA	
NELIDA	V. de Nelly.
NINA	Dim. de Catalina.
NOEL	V. de Natalio.
NOELIA	F. de Noel.
NORA	Dim. de Eleonora.

O

OBDIAS	V. de Abdías.
OCTAVIANO	V. de Octavio.
ODA	F. de Otón.
ODETTE	V. francesa de Odón.
ODISEO	V. griega de Ulises.

OLAYA	V. de Eulalia.
OLAGUER	V. catalana de Odegario.
OLAVO	V. de Olaf.
ORLANDO	V. de Rolando.
ORSO	V. italiana de Urso.
OTELO	V. de Otón.
OTILIA	V. de Odila.

P

PALMIRA	Alusión al domingo de palmas.
PARISINA	V. italiana de Paris.
PARMENIA	F. de Parménides.
PAULA	V. femenina e italiana de Pablo.
PAULINO	Dim. de Pablo.
PETRA	F. de Pedro.
POLONIO /	V. de Apolinar.
POLONIA	
PRAXEDIS	V. de Práxedes.
PRISCILA	V. de Prisco.

R

RAMON	V. de Raymundo.
RAUL	V. francesa de Rodolfo.
REINALDO	V. de Reginaldo.
RENE	V. de Renato.
REYNALDO	V. de Reginaldo.
RINALDO	V. italiana de Reinaldo.
RUI	V. de Ruy.
ROLDAN	V. de Rolando.
RONALDO	V. de Reginaldo.
ROSALIA	V. de Rosa.
RUFINO	V. de Rufo.
RUPERTO	V. de Roberto.
RUY	V. de Rodrigo.

S

SALOME	F. de Salomón.
SANDRO	V. italiana de Alejandro.

SATURNINO	V. de Saturno.
SANTIAGO	V. de Jacob.
SELVA	Derivado de Silvia.
SIDE/ SIDI	V. de Cid.
SILAS	Derivado de Silvano.
SILVERIO	V. de Silvana.
SIMSON	V. de Sansón.
SONIA	V. eslava de Sofía.
SPE	D. de Esperanza.
STELLA	V. latina de Estrella.
SUSANA.	Derivado de Azucena.

T

THELMA	V. de Telma.
THIERRY	V. francesa de Teodorico.
TINA	V. de Cristina y Ernestina.
TOMASINA	F. italiano de Tomás.
TOME	V. de Tomás.
TULA	V. de Gertrudis.
	V. de Tulio.

U

UBALDINO	V. de Ubaldo.
UDILIA	V. Odilia.
ULDARICO	V. de Ulderico.
URSULINA	Dim. de Ursula.

V

VALDEMAR	V. de Waldemar.
VALDO	V. de Waldo.
VALENTE	V. de Valentín.
VANINA	F. de Juan.
VELMA	V. de Vilma.
VENCESLAO	V. de Wenceslao.
VERGILIO	V. de Virgilio.
VERONICA	V. de Berenice.
VICENTA	F. de Vicente.

VICTORINO / VICTORIANO	V. de Víctor, a la vez variedad de Vicente.
VIDA	Dim. de David.
VITAL	V. de Vidal.
VITALIA	F. de Vital.
VITORIA	V. de Victoria.
VLADIMIRO	V. de Baldomero.

W

WALBERTO	D. de Gualberto.
WALDO	V. inglesa de Ubaldo.
WALTER	V. germánica de Gutierre.
WANDA	V. de Vanda.
WERNER	V. de Vernerio.

X

XAVIER	V. arcaica de Javier.
XIMENA	V. arcaica de Jimena.

Y

YAGO	V. portuguesa de Santiago.
YANINA	V. de Gianina.
YOLANDA	V. de Viola.
YUSIF	V. de José.
YVES / IVO	V. de Ivo.
YVONNE	V. francesa de Ivón.

Z

ZELINDA	V. de Siglinda.
ZULMARA	Variedad de Zulma.

Nombres prehispánicos

A

ACHIKATZIN
Náhuatl   Respetable por sus proezas y acciones.

ACHOXIATZIN
Náhuatl   Flor del agua.

AKAMPICHTL
Náhuatl   El trabajo colectivo.

AKATENTEUATZIN
Náhuatl   La que vive al lado del camino.

AKATZIN
Náhuatl   Agua que se lleva el carrizo.

AKAUALXOCHITL
Náhuatl   Flor que nace del agua.

AKAUAXOCHITL
Náhuatl   Flor del mar y el sol.

AKETZALLI
Náhuatl .... Transparente como el agua.

AKAZIHTLI
Náhuatl .... Liebre que corre por el carrizal.

AKOLNAUATL
Náhuatl .... Lugar donde se cruzan las aguas.

AKOUATL
Náhuatl .... Dibujo del cauce del arroyo.

AKUALTZIN
Náhuatl .... Muchos peces en el río.

AMALINALLI
Náhuatl .... El agua de la flor.

AMEYALLI
Náhuatl .... Manantial de sabiduría.

AMEYALXOCHITL
Náhuatl .... Fuente cubierta de flores.

ATLANXOCHITL
Náhuatl .... La más bella flor del agua.

ATOTOTZIN
Náhuatl .... Ave que acostumbra volar sobre las aguas.

ATOTZIN
Náhuatl .... Pájaro que brota del agua.

ATZIMBA
Purépecha .... Princesa.

ATZIN
Náhuatl .... Con el alma transparente como el agua.

ATZINGAMEYALLI
Náhuatl   Fuente transparente de sabiduría.

AUACHTLI
Náhuatl   Rocío del amanecer.

AUEXOTL
Náhuatl   La que cubre y protege como el sauce.

AXICALLI
Náhuatl   La que lleva la jícara.

AXIUHZIN
Náhuatl   Piedra preciosa de color azul verdoso.

AXOCHIATL
Náhuatl   Agua brotando de entre las flores.

AXOCHITL
Náhuatl   Flor de la fuente.

AXOKOYOTZIN
Náhuatl   Nacida de las aguas.

AYAUHZIHUATL
Náhuatl   Flor del río.

C

CITLALLI
Náhuatl   Estrella.

CUAUHTEMOC
Náhuatl   Aguila que cae.

CH

CHALCHIHUITL
Náhuatl   La más hermosa.

CHALCHIXOCHITL
Náhuatl .... Piedra preciosa que se convierte en flor.

E

EPYOLOTL
Náhuatl .... Perla oculta en su concha.

I

ILHUIKAKATZIN
Náhuatl .... Resplandor del cielo.

IMAKATLOZOHZIN
Náhuatl .... Llena de amor y ternura.

IPALNEMOANI
Náhuatl ....
La razón de mi existencia.

ITZPAPALOTI
Náhuatl .... El alumbramiento de la mariposa.

IXTLIXOCHITL
Náhuatl .... Cara hermosa como flor.

IXTLIPAKTZIN
Náhuatl .... En su cara se refleja la alegría.

IXUALXOCHIOTL
Náhuatl .... Planta floreciente.

IZPAPALOTL
Náhuatl .... Mariposa verde.

IZTAKAZTATL
Náhuatl .... Garza blanca.

IZTAKECHOTLLI
Náhuatl .... Flamingo muy blanco.

IZTAKIAHUATL
Náhuatl   Lluvia blanca.

IZTAKMIZTLI
Náhuatl   Nube blanquísima.

IZTAKPAPALOTI
Náhuatl   Mariposa de color blanco.

IZTAKYOLOHTL
Náhuatl   La de limpio corazón.

IZTAXOCHITL
Náhuatl   Flor blanca.

IZTAXTZONTLI
Náhuatl   La del cabello blanquísimo.

K

KAKAMATZIN
Náhuatl   La de boca pequeña.

KETZAKIAUITL
Náhuatl   El florecimiento del corazón.

KETZALIZTLI
Náhuatl   Codiciada como una esmeralda.

KETZALKEN
Náhuatl   La del bonito vestido verde y rojo.

KETZALMAKIZTLI
Náhuatl   Pulsera de plumas de Quetzal.

KETZALXILOTL
Náhuatl   Jilote tierno.

KETZALZIKIATL
Náhuatl   La de gran hermosura.

KETZALZIN
Náhuatl   Niña hermosa.

KILOTZIN
Náhuatl   Mazorca tierna.

KIYAUHTZIN
Náhuatl   Cuando la lluvia es saludable.

KOKOXOCHITL
Náhuatl   Fragante flor en el pico de la tórtola.

KOPILLIKETZALLI
Náhuatl   El reconocimiento del rey.

KOSKAKUAUHTLI
Náhuatl   El adorno de las águilas.

KOUTLAHUAK
Náhuatl   Estrellas en forma de serpiente.

KOYOLTZIN
Náhuatl   Cascabel sonoro.

KUAUHTOCHTLI
Náhuatl   Inquieta como una ardilla.

KUAUHTLOKETZIN
Náhuatl   El rumor de las praderas.

KUAUHZIUATZIN
Náhuatl
Venerada mujer águila.

KUEITLANXOCHITL
Náhuatl   Flor invernal.

KUIKAPEUHKAYOTL
Náhuatl .... La que se inicia en el arte del canto.

M

MAKUILXOCHITL
Náhuatl .... Flor de cinco pétalos.

MALINALLITZIN
Náhuatl .... Hierba naciente.

MALINALXOCHITL
Náhuatl .... Flor entre la hierba.

MATLATOCOL
Náhuatl .... Ave azul.

MATLALXOCHITL
Náhuatl .... Flor de color azul negro.

MAUIXOCHITL
Náhuatl .... Flor que rinde honor.

METZIN
Náhuatl .... Veneración de la nube celeste.

MOUANIPAHPAKI
Náhuatl
La felicidad de la compañía.

MIAUAXOCHITL
Náhuatl .... Flor que nace entre la niebla.

MIAUAXIUTL
Náhuatl .... Hierba floreciente.

MAHUATL
Náhuatl .... Florecimiento del maíz.

MIKIZLI
Náhuatl   El descanso después de la labor.

MILXOCHITL
Náhuatl   Flor que brota entre la milpa.

MOCTEZUMA
Náhuatl   El gran señor de ceño fruncido.

N

NANZIUAN
Náhuatl   Madre.

NAPAKETZALLI
Náhuatl   Cuatro veces hermosa.

NAUHYOTZIN
Náhuatl   La cuarta presencia.

NAUIOLLIN
Náhuatl   El cuarto movimiento.

NAUITEKPATL
Náhuatl   Cuatro veces poderosa.

NAYELI
Náhuatl   Princesa.

NETZAHUALCOYOTL
Náhuatl   Coyote hambriento.

NIMITZTLAZOHTLA
Náhuatl   Amor correspondido.

NIYOLPAKI
Náhuatl   Tersura de la piel.

NOCHTLI
Náhuatl   Tuna del monte.

O

OLONTETL
Náhuatl   Piedra en giro.

OZELOXOCHITL
Náhuatl   Orquídea.

P

PAINALZITLI
Náhuatl   Ligera como una liebre.

T

TEATZELHUIANI
Náhuatl   La mañana que rocía a las flores.

TEKAMATZIN
Náhuatl   Puerta infranqueable.

TEMACHTIANI
Náhuatl   Enseñar lo que se sabe.

TENOCH
Náhuatl   Tuna muy tierna.

TEOHUA
Náhuatl   Gran fortaleza física.

TEOUIZILOPOZTLI
Náhuatl   El culto al colibrí.

TETEPANZIN
Náhuatl   Paseo por la pendiente del cerro.

TETLENPANKETZAL
Náhuatl   El rastro del fuego astral.

TEXCALLI
Náhuatl   Piedra puesta en agua hirviente.

TEZCAUITZIL
Náhuatl   El reflejo del colibri.

TEZKAKOUATL
Náhuatl   Serpiente resplandeciente.

TIZAPAPALOTL
Náhuatl   Veneración de la mariposa de la ceniza.

TLANEZATL
Náhuatl   El rocío de la mañana.

TLAYOLLO
Náhuatl   El centro de la tierra.

TONATIUH
Náhuatl   El sol.

U

UILOTZIN
Náhuatl   Veneración de las aves.

UITZINATZIN
Náhuatl   El culto al agua de colibrí.

X

XOCHIKETZALLI
Náhuatl   Una bella flor.

XOCHILIZTLI
Náhuatl   Sueño arrullado por la luna.

XOCHIPAPALOTL
Náhuatl — Mariposa que se alimenta de las flores.

XOCHIYETL
Náhuatl — Flor del tabaco.

XOKOATZIN
Náhuatl — Chocolate pequeño.

Y

YETLANEZI
Náhuatl — El amanecer del universo.

YOLOTL
Náhuatl — Corazón.

YOLOXOCHITL
Náhuatl — Florecimiento del corazón.

Z

ZELTZIN
Náhuatl — Hija única.

ZITLALXOCHITL
Náhuatl — Estrella convertida en flor.

Principales nombres y su traducción al inglés y francés

ESPAÑOL	INGLES	FRANCES
A		
Alfredo	Alfred	Alfred
Alicia	Alice	Alice
Amadeo	Amadeus	Amédée
Ambrosio	Ambrose	Ambroise
Amelia	Amelia	Amélie
Ana	Anna	Anne
Anatolio	Anatole	Anatole
Andrés	Andrew	André
Aníbal	Hannibal	Hannibal
Anselmo	Anselm	Anselme
Antonio	Anthony	Antoine
Apolinar	Apolinarius	Apollinaire
Aquiles	Achilles	Achille
Armando	Armand	Armand
Arnaldo	Arnold	Arnaud
Arturo	Arthur	Arthur
Augusto	Augustus	Auguste
B		
Baldomero	Waldemar	Waldemar
Baltasar	Balthazar	Balthazar
Bárbara	Barbara	Barbe

Bartolomé	Bartholomew	Barthelemy
Basilio	Basil	Basile
Beatriz	Beatrice	Beatrix
Belisario	Belisarius	Belisaire
Benedicto	Benedict	Benoit
Bernabé	Barnaby	Barnabé
Bernardo	Bernardine	Bernardine
Blanca	Blanche	Blanche
Brígida	Bridget	Brigitte

C

Calixto	Calixte	Calixte
Camilo	Camillus	Camille
Caridad	Caridad	Charite
Carlos	Charles	Charles
Catalina	Catherine	Catherine
Cayetano	Cajetanus	Cajetan
Cecilia	Cecil	Cécile
Cirilo	Cyril	Cyrille
Clara	Clara	Claire
Claudio	Claude	Claude
Conrado	Conrad	Conrad
Constancio	Constans	Constant
Constantino	Constantine	Constantin
Cristián	Christian	Christian
Cristina	Christine	Christine
Cristóbal	Christopher	Christophe

D

Daniel	Daniel	Daniel
Diana	Diana	Diane
Diógenes	Diogenes	Diogene
Dionisio	Dennis	Denis
Domingo	Dominik	Dominique
Doroteo	Dorothy	Dorothée

E

Edgardo	Edgar	Edgar
Edith	Edith	Edithe
Edmundo	Edmund	Edmond
Eduardo	Edward	Edouard

Eduvigis	Hedwig	Avoie
Elba	Elbe	Elbe
Eleázar	Eleazar	Eléazar
Elena	Helen	Hélene
Elías	Ellis	Elie
Eliseo	Elisha	Elysée
Eloísa	Heloïse	Heloise
Emilio	Emilian	Emilien
Enrique	Henry	Henri
Ernesto	Ernest	Ernest
Estanislao	Stanislaus	Stanislas
Esteban	Stephen	Etienne
Eugenio	Eugenie	Eugénie
Eulogio	Eulogius	Euloge
Eustaquio	Eustace	Eustache
Eva	Eve	Eve
Ezequiel	Ezekiel	Ezechiel

F

Federico	Frederick	Frederic
Felipe	Philp	Philippe
Fernando	Ferdinand	Ferdinand
Fidel	Fidelis	Fidel
Filorencio	Florence	Florentín
Fortunato	Fortunatus	Fortunat
Francisco	Francis	Francois

G

Gabriel	Gabriel	Gabriele
Gaspar	Caspar	Gaspard
Georgina	Georgia	Georgette
Gerardo	Gerald	Gérard
Germán	Herman	Germaine
Gertrudis	Gertrude	Gertrude
Gervasio	Gervais	Gervais
Gilberto	Gilbert	Giselbert
Gregorio	Gregory	Grégoire
Guillermo	William	Guillaume
Gustavo	Gustave	Gustave

H		
Héctor	Hector	Hector
Higinio	Hyginius	Hyginius
Hilda	Hilda	Hilde
Hipólito	Hippolytus	Hippolyte
Honorato	Honorat	Honorat
Horacio	Horace,	Horace
Humberto	Humbert	Humbert

I		
Ida	Ida	Ide
Ignacio	Ignatius	Ignace
Ildefonso	Hildefons	Ildefonse
Inés	Agnes	Agnes
Inocencio	Innocent	Innocent
Isabel	Elisabeth	Isabelle
Isaías	Isaiah	Isaïe
Ismael	Ismael	Ismaël
Isolda	Isolde	Iseut

J		
Jacobo	James	Jacques
Jerónimo	Hieronymus	Jérome
Jesús	Jesús	Jesús
Joaquin	Joachim	Joachim
Jorge	George	Georges
José	Joseph	Joseph
Juan	John	Jean
Julio	Julius	Jules
Justo	Justus	Just

L		
Ladislao	Ladislaus	Ladislas
Laura	Laura, Lora	Laure
Lázaro	Lazarus	Lazare
Leandro	Leander	Léandre
Leonardo	Leonard	Léonard
Leonor	Eleanor	Eléonore
Leticia	Letitia	Laetitia
Lía	Leah	Lía
Lidia	Lydia	Lydie

Lisandro	Lysander	Lysandre
Lorenzo	Lawrence	Laurent
Loreta	Loretta	Lorette
Lucas	Luky	Luke
Lucrecia	Lucretius	Lucrece
Ludovico	Ludwig	Ludovic
Luis	Louis	Louis

M

Magdalena	Magdalen	Madeleine
Manuel	Emmanuel	Emmanuel
Marcial	Martial	Martial
Marcos	Mark	Marc
Margarita	Margaret	Marguerite, Margot
María	Mary, Molly	Marie
Marta	Martha	Marthe
Matilde	Matilde	Mathilde
Máximo	Máximus	Maxim
Melchor	Melchior	Melchior
Miguel	Michael	Michel
Moisés	Moses	Mosche
Mónica	Monica	Monique

N

Narciso	Narcissus	Narcisse
Nazareno	Nazarius	Nazaire
Néstor	Nestorius	Nestorius
Nicolás	Nicholas	Nicolas
Noé	Noah	Noe
Noemí	Naomí	Noémi
Norberto	Norbert	Norbert

O

Octavio	Octavian	Octavien
Odila	Ottilie	Odile
Ofelia	Ophelia	Opélie
Olivia	Olivia,Olive	Olivie
Osvaldo	Oswald	Oswald
Ovidio	Ovid	Ovide

P

Pablo	Paul	Paul
Pastor	Pastor	Pasteur
Patricio	Patrick	Patrice
Pedro	Peter	Pierre
Petronio	Petronius	Petrone
Pío	Pius	Pie
Plácido	Placidia	Placide
Policarpo	Polycarp	Polycarpe
Porfirio	Porphyry	Porphyre

Q

| Quintín | Quentin | Quentin |

R

Rafael	Raphael	Raphäel
Raimundo	Raymond	Raymond
Raquel	Rachel	Rachel
Raúl	Ralph	Raoul
Rebeca	Rebecca	Rébecca
Reginaldo	Reginald	Reynald
Ricardo	Richard	Richard
Rigoberto	Rigobert	Rigobert
Roberto	Robert	Robert
Rodolfo	Rudolph	Rodolphe
Rodrigo	Roderick	Rodrigue
Rogelio	Roger	Roger
Rolando	Roland	Roland
Román	Romanus	Romain
Rómulo	Romulus	Romulus
Roque	Roch	Roch
Rosa	Rose	Rose
Ruperto	Rupert	Rupert
Ruth	Ruth	Ruth

S

Sabino	Sabine	Sabin
Salomón	Solomon	Salomon
Sara	Sarah/Sally	Sarah
Saturnino	Saturnine	Saturnin

Saúl	Saul	Saül
Segismundo	Sigismund	Sigismond
Sergio	Sergius	Sergius
Silvestre	Sylvestre	Sylvestre
Sixto	Sixtus	Sixte

T

Tadeo	Thaddeus	Thadée
Teodoro	Theodore	Théodore
Teófilo	Theophilus	Thephile
Teresa	Theresa	Thérese
Timoteo	Timothy	Timothée
Tomás	Thomas	Thomas
Toribio	Turibius	Turibe
Trinidad	Trinity	Trinité
Tristán	Tristram	Tristan

U

Ubaldo	Waldo	Waldo
Ursula	Ursula	Ursule

V

Valentín	Valentinian	Valentinien
Venancio	Venancio	Venance
Venceslao	Wenceslaus	Venceslas
Verónica	Veronica	Véronique
Vicente	Vincent	Vicent
Víctor	Victor	Victor

Santoral Católico

ENERO

1   La circuncisión. Solemnidad de Santa María. San Emmanuel. Santa Eufrosina Virgen. San Fulgencio. San Félix. San Odilón. San Magno.

2   San Martiniano. San Basilio Magno. San Gregorio. San Macario. San Vicenciano.

3   San Florencio. San Daniel. Santa Genoveva Virgen. Santa Bertilia.

4   San Prisciliano. San Eugenio. San Rigoberto. San Gregorio Obispo.

5   San Telésforo. Santa Amada. Santa Amelia. San Simón. Santa Apolinaria

6   La Epifanía de Nuestro Señor Jesucristo. Nuestra Señora de Altagracia. Reyes Magos.

7   San Luciano. San Raymundo. San Valentín Obispo. San Tilo. San Reynaldo.

8   San Apolinar Obispo. San Maximino. San Severino.

9   San Julián. Santa Marciana Virgen. San Adrián.

10   San Gonzalo. San Juan el Bueno.

11   San Guillermo. San Higinio, papa. San Teodosio. San Palemón. Santa Honorata Virgen.

12   San Arcadio mártir. San Alfredo. Santa Tatiana. San Victoriano Abad. Santa Cesaria Virgen.

13   Santa Verónica Virgen. San Gumersindo. Santa Glafira Virgen. San Hilario.

14   San Félix. San Dacio Obispo. San Sabas.

15   San Mauro. San Macario. San Pablo el Ermitaño. San Isidoro. San Juan Calibites.

16   San Marcelo. San Honorato. Santa Priscila. San Enrique. San Berardo.

17   San Antonio Abad. San Sabino.

18   San Leobardo. Santa Prisca Virgen. Santa Florida Mártir.

19   San Mario. San Canuto. San Vicente.

20   San Sebastián Mártir. San Fabián Mártir. San Eutinio el Grande, Abad. San Néofito Mártir.

21   Santa Inés Virgen. Santos Fructuoso, Augurio y Eulogio. San Patrocio.

22   San Gudencio. San Vicente de Zaragoza. San Anastasio Mártir. Santo Domingo de Sora.

23   San Ildefonso de Toledo. San Raymundo. San Martirio. San Juan de Alejandría.

24 .... Nuestra Señora de la Paz. San Francisco de Sales.. San Timoteo Obispo. San Feliciano Obispo. San Macedonio.

25 .... Santa Elvira. San Ananías. San Artemio Mártir. La conversión de San Pablo.

26 .... San Alberico Abad. Santa Margarita de Hungría. San Policarpio.

27 .... Santa Angela Virgen. San Crisóstomo Arzobispo. San Julián Obispo. San Mayo Abad.

28 .... Santo Tomás de Aquino. San Juan de Reome. San Paulino. San Pedro Tomás.

29 .... San Sulpicio. San Pedro Nolasco.

30 .... San Barsimeo Obispo. Santa Jacinta. Santa Martina Virgen. Santa Aldegundis.

31 .... San Juan Bosco. Santa Trifenia Mártir. San Metrano Mártir. Santa Marcela Viuda. San Eusebio Mártir. San Geminiano Mártir.

FEBRERO

1 .... Santa Viridiana. San Ignacio de Antioquía. San Pionio Mártir.

2 .... Presentación del Señor. La Purificación de María. Nuestra Señora de la Candelaria. Nuestra Señora de Nazareth. Nuestra Señora de San Juan de los Lagos. Santa Catalina Ricci Virgen. Santa Juana de Lestonac.

3 .... San Blas. San Celerino. San Lorenzo.

4 .... San Andrés Corsini. San Teófilo. San Isidoro. San Nicolás Abad. San Juan de Valois.

5   Santa Agueda Virgen. Santa Adelaida. Los Mártires del Japón.

6   San Gastón. San Tito de Creta. Santa Dorotea Virgen. Santa Hildegunda.

7   San Ricardo. San Romualdo Abad. San Moisés Obispo. San Lucas.

8   San Jerónimo. San Esteban de Muret.

9   San Cirilo. San Nicéforo. Santa Apolonia.

10   San Silvano. Santa Escolástica. Santa Sotera Virgen. San Guillermo de Maleval.

11   Nuestra Señora de Lourdes. San Lucio Obispo. San Lázaro Obispo.

12   San Melesio. Santa Eulalia. Santa Marina Virgen. San Julián.

13   San Gregorio Papa. San Martiniano. San Benigno.

14   San Valentín. San Eleucadio Obispo. San Antonino. San Adolfo.

15   San Faustino. Santa Jovita. Santa Georgia. San Wilfrido. San Sigfrido Obispo. San Walfredo.

16   San Onésimo Mártir. Santa Juliana Virgen. Santa Viridiana. San Elías. San Jeremías.

17   San Teódulo. San Silvino. San Policronio. Los Mártires de China.

18   San Máximo. San Simeón Obispo. San León. San Palegorio.

| 19 | San Conrado. San Gabino. San Alvaro. San Auxilio. San Bonifacio Obispo. San Conrado. |

| 20 | San Eleuterio. San Cenobio. San Tiranio. San Euquerio. |

| 21 | San Severiano Obispo. San Germán. San Jorge Obispo. |

| 22 | San Pascasio. San Papias. Santa Margarita de Cortona. Santos Talasio y Limneo. |

| 23 | Santa Marta de Astorga. San Policarpo. San Sereno. |

| 24 | San Matías. San Etelberto. San Pretextato. |

| 25 | San Sebastián de Aparicio. San Avertano. San Cesario. San Gerlando. |

| 26 | San Néstor. San Porfirio Obispo. San Alejandro de Alejandría. San Víctor. |

| 27 | San Leandro Obispo. San Gabriel de Dolorosa. San Baldomero. |

| 28 | San Hilario Papa. |

| 29 | San Macario. |

MARZO

| 1 | San Albino Obispo. San David Obispo. San Rosendo Obispo. |

| 2 | San Federico. |

| 3 | San Emeterio. Santa Cunegunda. Santos Martino y Astirio. San Anselmo Abad. San Gervino Abad. |

4 San Casimiro. Santos Basilio, Eugenio y Agatodoro. San Lucio I.

5 San Eusebio de Cremona. San Juan José de la Cruz. San Gerásimo Abad.

6 San Olegario. Santa Rosa de Viterbo. San Cirilo. Santa Colega Virgen.

7 Santa Felícitas. Santa Perpetua. Santo Tomás de Aquino. San Pablo el Simple.

8 San Juan de Dios. San Poncio. San Senón Obispo. San Julián Arzobispo de Toledo. San Esteban Abad.

9 San Paciano. Santa Francisca Romana. San Gregorio Obispo de Niza. Santa Catalina de Bolonia Virgen.

10 San Simplicio Papa. San Macario. San Atalo Abad. Santa Anastasia Patricia Virgen.

11 San Eulogio Mártir. Santo Domingo Sabio. San Constantino Mártir. San Sofronio. Santa Teresa Margarita Redi.

12 Santa Josefina. San Gregorio Magno. San Maximiliano Mártir. San Pablo Aureliano Obispo.

13 San Rodrigo. San Salomón. San Nicéforo. Santa Eufrasia Virgen.

14 Santa Matilde Reina. San Eustaquio Mártir. San Lubin Obispo.

15 San Raymundo. San Clemente María. San Longinos Mártir. Santa Matrona Virgen. San Probo Obispo. Santa Lucrecia Virgen, Santa Luisa de Marillac.

16	San Heriberto. San Abraham. Santa Eusebia Abadesa.
17	San Patricio. San José de Arimatea. San Agrícola Obispo. Santa Gertrudis Virgen. San Pablo de Chipre.
18	San Cirilo de Jerusalén. San Alejandro Mártir. San Narciso Obispo. San Anselmo Obispo.
19	San José. San Juan de Panaca Abad.
20	San Cutberto. San Martín de Dumio. San Wulfrano.
21	San Nicolás. San Serapión Obispo.
22	San Zacarías Papa. San Basilio Mártir. San Deogracias.
23	San Toribio. San José Oriol. San Benito el Ermitaño.
24	Santa Catalina de Suecia. San Aldemar Abad. San Simeón. San Guillermo.
25	La Anunciación del Señor. San Dimas. San Irineo Obispo. San Hermelando.
26	San Braulio. San Basilio el Joven. San Cástulo Mártir.
27	San Ruperto Obispo. San Juan de Egipto. San Juan el Ermitaño.
28	Santa Dorotea. San Juan de Capistrano. San Tutilo. San Sixto Papa. Santa Esperanza.
29	San Eustasio. San Bertoldo. San Ludolfo. San Marco Obispo.

30 San Régulo Obispo. San Zósimo Obispo. San Pedro Regalado.

31 Santa Balbina Virgen. San Acacio Obispo.

ABRIL

1 San Hugo Obispo. San Melitón. San Valerio Abad. San Celso. San Gilberto Obispo. Santa Jaquelina.

2 San Francisco de Paula. Santos Apiano y Teodosia, mártires. Santa María Egipciaca. San Nicecio.

3 San Ricardo. San Sixto I Papa. Santa Irene.

4 San Isidoro de Sevilla. San Platón Abad. San Benito.

5 San Vicente Ferrer. Santa Etelburga. San Alberto Obispo. Santa Catalina de Palma.

6 San Marcelino. San Celestino Papa. San Prudencio.

7 San Juan Bautista de La Salle. San Hegesipo. San Celso.

8 San Dionisio Obispo. San Perpetuo Obispo.

9 Santa María Cleofe. San Hugo Obispo. Santa Casilda de Toledo.

10 San Ezequiel Profeta. San Fulberto Obispo. San Macario de Gante, San Apolonio. San Miguel de Sanctis.

11 San Estanislao. San León Magno Papa. Santa Godeberta. Santa Gema. Nuestra Señora de la Piedad.

12 — San Zenón Obispo. San Sabás. San Julio.

13 — San Martin. San Marcio (o Marte) Abad. Santos Carpo, Papilo y Agatónica Mártires.

14 — San Telmo. San Justino Mártir. San Ardalión Mártir. San Valeriano.

15 — Santa Anastasia. Santa Basilisa y Anastasia Mártires. San Paterno Obispo.

16 — Santa Bernardina Virgen. San Benito José. San Toribio Obispo. San Fructuoso. San Magno.

17 — San Esteban. San Aniceto Papa. San Inocencio Obispo. San Roberto De Chase-Dieu. San Aniceto.

18 — San Apolonio el Apologeta. San Perfecto Mártir. San Galdino Arzobispo de Milán. San Perfecto.

19 — San León IX Papa. San Expedito. San Crescencio.

20 — Santa Inés. San Marcelino Obispo. San Marciano (o Mariano) Santa Hildegunda Virgen. San Crisóforo.

21 — Santos Simeón Barsabas Obispo y Clasifonte Mártires. San Anastasio I. San Conrado. San Anselmo.

22 — San Teodoro. San Léonidas Mártir. San Agapito Mártir. Santa Oportuna. San Sotero.

23 — San Jorge. San Gerardo Obispo.

24 — San Fidel. San Gregorio Obispo. San Guillermo, Santa María Eufrasia Virgen.

25 San Marcos. San Aniano Obispo. San Heribaldo Obispo.

26 San Marcelino. San Pascasio. San Pedro. San Ricario Abad.

27 Santa Montserrat. San Pedro Armengol. San Antino Obispo. Santa Zita Virgen. San Toribio, San Floriberto Obispo.

28 San Vidal. San Luis María Grignion. San Pablo de la Cruz. Santos Teodora y Dídimo Mártires. San Pánfilo Obispo. San Cirilo. San Pedro María Chanel Mártir.

29 Santa Catalina De Siena. San Pedro de Verona Mártir. San Wilfrido. San Hugo.

30 San Pío V Papa. San Máximo Mártir. Santos Mariano y Santiago Mártires.

MAYO

1 San José Obrero. San Amador Obispo. San Segismundo. San Peregrino.

2 San Atanasio. Santos Exuperio y Zoe Mártires. Santa Mafalda (o Matilde).

3 San Diódoro. Santos Felipe y Santiago Apóstoles. San Juvenal Obispo. San Beato Nuncio. Santos Timoteo y Maura Mártires.

4 Santa Mónica. Santa Pelagia. San Silviano. San Florián Mártir. San Ciriaco Obispo.

5 Nuestra Señora de la Gracia. San Pío Papa. San Hilario Obispo.

6 San Evodio. San Avertino. San Angel.

7 San Domiciano Obispo. San Serénico. San Sereno. San Flavio.

8 San Acacio. Nuestra Señora de Luján. San Víctor Mauro Mártir. San Desiderato Obispo. San Bonifacio. San Benedicto Papa.

9 San Pacomio Abad. San Geroncio Obispo.

10 San Juan de Avila. San Antonino Arzobispo. San Alfio. San Calepodio.

11 San Mamerto. Obispo. San Gandulfo. San Ignacio.

12 Santo Domingo. Santa Domitila. San Pancracio Mártir. San Germán.

13 San Andrés Huberto. Santa Gliceria Virgen y Mártir. San Servacio Obispo. San Juan. Santa Imelda.

14 San Matías. San Poncio Mártir. Santa María Mazzarello Mártir. San Bonifacio Mártir.

15 San Isidro Labrador. San Hilario. Santa Berta. San Ruperto.

16 San Juan Nepomuceno. San Ubaldo Obispo. San Posidio. San Honorato. San Simón. San Andrés.

17 San Pascual Bailón. San Bruno. Obispo.

18 San Félix de Cantalicio. San Venancio Mártir. San Erico Mártir. Santa Claudia.

19 San Pedro Celestino. Santos Prudenciana y Prudente Mártires. San Ivón. San Teófilo.

20 San Bernardino. San Talaleo Mártir. San Baudilio Mártir. San Etelberto.

21 San Andrés. San Valente.

22 Santa Rita de Casia. Santa Julia Mártir. Santa Humildad Viuda. San Román. Santa Joaquina. San Emilio.

23 San Epitacio. San Desiderio Obispo. San Wilberto. San Leoncio Obispo. Santa Eufrosina.

24 Nuestra Señora del Rocío. Santa María Auxiliadora. Santos Donaciano y Rogaciano Mártires. San Vicente. San David.

25 San Gregorio VII Papa. San Urbano I Papa. San Dionisio Obispo. San León Abad.

26 San Felipe Neri. San Eleuterio Papa. San Prisco Mártir. San Lamberto Obispo.

27 San Agustin. Santa Beda. Santa Restituta Virgen y Mártir. San Juan I Papa. San Hidelberto Obispo. Santa Carolina.

28 San Bernardo de Menthon. San Justo Obispo. San Germán Obispo. San Ignacio. La Ascención.

29 San Maximino. Santa María Magdalena. San Cirilo Mártir. Santa Teodosia.

30 San Fernando III Rey de Castilla. San Félix Papa. San Isaac. Santa Juana de Arco Virgen. Santa Macrina.

31 Santa Petronila Virgen y Mártir. Visitación de la Virgen María. Santos Cancio, Canciano Mártires.

JUNIO

1   Santa Angela. Santa Cándida Vita. San Caprasio. San Siméon. San Teobaldo. San Justino.

2   Santa María Ana de Jesús. San Nicolás. San Esteban Obispo. San Eugenio Papa. Santos Marcelino y Pedro Mártires.

3   San Carlos Lwanga. San Cecilio. Santa Clotilde. San Isaac. Nuestra Señora de la Luz.

4   San Francisco Caracciolo. San Quirino Obispo.

5   San Bonifacio Apóstol. San Doroteo. San Sancho. Santa Zenaida.

6   San Felipe. San Claudio Obispo. San Agobardo. San Norberto.

7   San Pablo. Santa María Teresa. San Pablo I Obispo. San Wilebaldo Obispo. San Roberto.

8   Santa María Droste. San Maximino de Aix. San Guillermo Arzobispo.

9   San Efrén. San Vicente de Agen Mártir. Santa Pelagia. Santos Primo y Feliciano Mártires.

10   San Maurino. Santa Margarita de Escocia. San Landerico Obispo. San Getulio.

11   San Bernabé. Santos Félix y Fortunato Mártires. San Parisio.

12   San Juan de Sahagún. San Plácido Abad. Santa Antonina Mártir. San Onofre. San Pedro. San León Papa. San Nazario.

13   San Antonio de Padua. Santa Felícula. Santa Aquilina. San Trifilo.

14   San Eliseo. San Basilio. Santos Valerio y Rufino Mártires. San Anastasio. San Félix. Santa Digna.

15   San Modesto. Santa Germana. San Luis María. Santa Aleydis (o Alicia). Santa Edburga Virgen. San Tatiano Mártir.

16   Santa Lutgarda. Santos Ciriaco y Julita Mártires. San Ticón Obispo. San Aureliano Obispo. San Juan Francisco Regis. San Ciro.

17   San Gregorio. Santa Emilia. San Besarion. San Rainerio. Santa Teresa.

18   San Gregorio. San Efrén. Santos Marcos y Marcelino Mártires. San Amado Obispo. Santa Isabel.

19   San Romualdo. Santa Juliana Virgen. Santos Gervasio y Protasio Mártires. San Bruno Obispo.

20   San Silverio Papa. San Adalberto. San Juan.

21   San Luis Gonzaga. San Eusebio Obispo. San Albano (o Albino). San Raúl. San Raymundo.

22   San Paulino. San Niceto Obispo. San Eberardo Obispo.

23   San Zenón. Santa Agripina Virgen. San Liberto Obispo.

24   Natividad de San Juan Bautista. San Simplicio Obispo. San Bartolomé.

25   San Guillermo. Santa Febronia. San Próspero. San Máximo Obispo. Santa Eurosia.

26   San Pelayo. Santos Juan y Pablo Mártires. San Virgilio Obispo. San Juan Obispo. San Antelmo. Sagrado Corazón de Jesús.

27   San Cirilo. Nuestra Señora del Perpetuo Socorro. San Sansón, San Jorge. San Ladislao.

28   San Plutarco. San Ireneo. San Pablo I. Santos Sergio y Germano. San Argimiro.

29   Santos Pedro y Pablo Apóstoles. San Casio Obispo. Santa Salomé. Santa Emma.

30   San Marcial Obispo. San Teobaldo.

JULIO

1   San Simeón El Loco. San Teodorico. San Galo Obispo. San Servando Obispo. Santa Esther.

2   Nuestra Señora del Huerto. San Martiniano. Santa Monegundis. San Otón Obispo.

3   Santo Tomás Apóstol. San Ireneo Obispo. San León Papa. San Anatolio. San Heliodoro Obispo.

4   Santa Isabel. Nuestra Señora del Refugio. San Andrés. San Ulrico Obispo. San Bernardino.

5   San Castro. San Antonio. San Atanasio. San Guillermo.

6   San Isaías. Santa María Goretti. San Rómulo Obispo. Santa Dominica Virgen. Santo Tomás Moro Mártir.

7   San Guilebaldo. San Fermín. San Cirilo. San Paladio Obispo. San Félix Obispo.

8
San Eugenio. San Procopio. San Quiliano. Santa Witburga Virgen. San Adriano Papa. San Raymundo.

9
San Cirilo. Nuestra Señora de Itati. Santa Everilda Virgen. San Nicolás. San Juan Obispo.

10
Santa Verónica. Santas Rufina y Segunda Vírgenes. Santa Amelia Virgen.

11
San Benito Abad. San Pío I. Santa Olga.

12
San Andresito. San Juan Gualberto. San Jasón. Santos Nabor y Félix Mártires.

13
San Enrique II. San Silas. Santas Maura y Brígida. San Eugenio Obispo.

14
San Camilo. San Justo.

15
San Buenaventura. San Santiago Obispo. San Donaldo. San Atanasio Obispo. Santa Edith. San Vladimiro.

16
Nuestra señora del Carmen. San Eustaquio Obispo. Santa Reineldís. Santa María Magdalena. Nuestra Señora del Carmen.

17
San Alejo. San Enodio Obispo. Santa Marcelina. San León Papa.

18
San Eugenio. San Camilo. Santa Sinforosa. San Arnulfo Obispo. San Federico Obispo. San Bruno Obispo.

19
San Vicente de Paúl. Santa Macrina. San Arsenio. San Martín.

20 San Elías Profeta. San Jerónimo. Santa Liberata. Santa Margarita (o Marina) Virgen. San Aurelio Obispo. San Bulmaro.

21 San Daniel Profeta. San Lorenzo. Santa Práxedes Virgen. San Víctor.

22 Santa María Magdalena. San José de Palestina. San Wandrilo.

23 Santa Brígida. San Apolinar Obispo. San Liborio Obispo. Santa Ana (o Susana) Virgen.

24 San Francisco. Santa Cristina.

25 San Cristóbal Mártir. Santos Dea, Valentina y Pablo Mártires.

26 San Joaquín. Santa Ana. San Simeón. Santa Bartolomea.

27 San Aurelio. San Pantaleón.

28 San Nazario. San Celso. San Víctor Papa.

29 Santa Marta. Santos Simplicio, Faustino y Beatriz, Mártires. San Félix II.

30 San Pedro Crisólogo. Santa Julita.

31 San Ignacio de Loyola. San Germán Obispo.

AGOSTO

1 San Alfonso. San Félix. San Pedro.

2 Nuestra Señora de los Angeles. San Eusebio. San Esteban Papa.

3	San Pedro Julián. Santa Lidia.
4	San Juan Bautista. Santo Domingo.
5	Nuestra Señora de las Nieves. Santa Nona. Santa Afra Mártir.
6	San Sixto. Santos Justo y Pastor Mártires.
7	San Cayetano. Santa Claudia. San Alberto.
8	Santo Domingo. San Hormidas.
9	San Román. San Emigdio Mártir.
10	San Lorenzo. Santa Filomena.
11	Santa Clara. Santos Tiburcio y Susana Mártires.
12	San Fortino.
13	San Hipólito Mártir. San Máximo. Santa Radegundis.
14	San Marcelo. San Maximiliano. San Eusebio. Santa Anastasia.
15	La Asunción de la Virgen María. San Tarcisio Mártir. San Arnulfo Obispo.
16	San Roque. San Joaquín. San Aracio.
17	San Jacinto. San Eusebio Papa. Santa Clara.
18	Santa Elena. San Agapito Mártir. Santos Floro y Lauro Mártires. San Alepio Obispo.
19	San Andrés. San Timoteo.

20	San Bernardo. San Amador. San Filiberto.
21	San Pío X. Santos Bonoso y Maximiano Mártires.
22	Santa María Reina. Santos Timoteo e Hipólito.
23	San Neón. San Felipe. San Eugenio.
24	San Bartolomé Apóstol. Santa María Micaela.
25	San Luis Rey de Francia. Santa Patricia. Santa Eva. San Gregorio.
26	San Ceferino. Santa Teresa de Jesús. Santa Isabel Bichier.
27	Santa Mónica. San Cesáreo. Santa Margarita. San Marcelo.
28	San Agustín. San Hermes Mártir. San Julián. San Moisés.
29	Santa Sabina Mártir. Pasión de San Juan Bautista.
30	Santa Rosa de Lima. San Fantino. Santos Félix y Adaucto Mártires.
31	San Ramón. San Paulino Obispo.

SEPTIEMBRE

1	Nuestra Señora de los Remedios. San Gil. Santa Verena Virgen. San Lupo Obispo.
2	San Brocardo. San Esteban. San Antonino. San Guillermo Obispo. San Antolín.

3	San Gregorio Magno. San Pío X Papa. San Simeón Estilita. Santa Hildelita.
4	San Marino. San Bonifacio Papa. Santa Ida. Santa Rosalía Virgen. Santa Rosa Viterbo. San Moisés.
5	San Lorenzo Justiniano. San Bertino. Santa Obdulia.
6	San Beltrán. San Eleuterio Abad. Santa Bega. San Zacarías.
7	Santa Regina Virgen.
8	La Natividad de la Virgen María. Nuestra Señora de la Caridad del Cobre. San Sergio Papa. Santos Adrián y Natalia Mártires.
9	San Doroteo. San Pedro Claver. San Isaac.
10	San Nicolás Tolentino. Santa Pulqueria Virgen. San Teodardo Obispo. San Auberto Obispo.
11	San Guido. El Santo Nombre de María. San Jacinto.
13	San Maurilio. San Amado. San Eulogio.
14	Santa Salustia. San Materno Obispo. Santa Notburga.
15	Nuestra Señora de los Dolores. San Nicómedes Mártir. Santa Catalina. San Nicetas.
16	San Cipriano. San Cornelio Papa. Santa Eufemia. Santos Rogelio y Servodeo Mártires. Santa Edita.
17	San Roberto. San Sátiro. San Sócrates. San Pedro.

18	San José de Cupertino. San Ferreol. Santa Ricarda. Santa Sofía.
19	San Jenaro. San Teodoro Arzobispo. Santa Pomposa Mártir.
20	San Eustaquio.
21	San Mateo Apóstol. Santa Maura.
22	San Mauricio. Santo Tomás. Santa Salaberta.
23	San Isaías Profeta. San Lino Papa. Santa Elena.
24	Nuestra Señora de la Merced. San Gerardo Obispo. San Pacífico.
25	San Alberto. San Sergio. San Vicente Obispo. San Cleofas.
26	San Cosme. San Damián. Santos Cipriano y Justina Mártires.
27	San Vicente de Paul. San Eleazar.
28	San Wenceslao. San Fausto Obispo. Santa Lioba.
29	Santos Arcángeles Gabriel, Rafael y Miguel. Santa Teódota.
30	San Jerónimo. San Gregorio Obispo. San Honorio. San Simón.

OCTUBRE

1	Santa Teresita del Niño Jesús. San Remigio Obispo. San Román.
2	San Eleuterio Mártir. San Leodegario Obispo.

3	San Gerardo. San Froylán Obispo. Santo Tomás. San Hesiquio.
4	San Francisco de Asis. San Amón. San Petronio Obispo.
5	San Plácido. Santa Galla. Santa Flora.
6	San Bruno. Santa Fe. San Nicetas. Santa María Francisca.
7	Nuestra Señora del Rosario. Santa Justina Virgen. San Marcos Papa.
8	Santa Pelagia. Santa Brígida. Santa Reparata. San Demetrio.
9	Santa Sara. San Dionisio Obispo. San Juan. San Demetrio Mártir. Santa Publia. San Sabino.
10	San Francisco de Borja. San Cerbonio. San Paulino Obispo. San Daniel. San Nicolás.
11	Santa Soledad. San Agilberto. San Jacinto.
12	Nuestra Señora del Pilar. Nuestra Señora de Aparecida. San Maximiliano Obispo. Santa Etelburga.
13	San Eduardo. Santos Fausto, Genaro y Marcial Mártires. San Geraldo. San Colmán.
14	San Calixto. San Justo Obispo. San Bucardo. Santo Domingo.
15	Santa Teresa de Jesús. San Leonardo. Santa Tecla. San Eutimio.
16	Santa Margarita. San Galo. San Anastasio. Santa Eduviges.

17	San Ignacio de Antioquía. Santa Astrudis Virgen. San Mariano.
18	San Lucas Evangelista. San Justo.
19	Santa Laura.
20	Santa Irene. San Artemio Mártir. San Andrés.
21	San Hilarión. Santa Ursula. Santa Celina de Mezux. Santa Celia.
22	Santa María Salomé. San Donato Obispo.
23	San Germán. San Severino. Obispo. San Román. San Ignacio.
24	San Antonio. San Rafael Arcángel. San Martin (o Marcos) San Evergisto.
25	San Crisanto y Daría. San Gaudencio Obispo.
26	San Evaristo Papa. San Luciano y Marciano Mártires.
27	San Florencio. San Odrano.
28	San Simón. San Judas Tadeo. Santa Anastasia y Cirilo Mártires.
29	San Narciso. Santa Hermelinda Virgen. San Abraham. San Teuderio.
30	San Cenobio. San Alonso. San Germán Obispo.
31	San Nemesio. San Folián. San Wolfgango.

NOVIEMBRE

1 .... Todos los santos.

2 .... Conmemoración de todos los fieles difuntos.San Victorioso. San Marciano.

3 .... San Martín de Porres. Santa Winifreda. San Huberto. San Malaquías.

4 .... San Carlos. San Claro Mártir. San Juanicio.

5 .... San Plácido. Santa Isabel.

6 .... San Leonardo. San Melanio Obispo. San Demetriano Obispo. San Bruno.

7 .... San Ernesto. San Herculano Obispo. San Florencio.

8 .... San Willebaldo Obispo. San Adeodato. San Godofredo.

9 .... San Teodoro. San Agripino Obispo. San Benigno.

10 .... San León. San Andrés. Santa Teoctiste Virgen. Santos Trifón, Respicio y Ninfa Mártires.

11 .... Santa Ernestina. San Teodoro. San Bartolomé.

12 .... San Martin Papa. San Nilo. San Benito. San Aurelio.

13 .... San Diego. San Eugenio Arzobispo. San Arcadio. San Nicolás Papa.

14 .... San Serapio. San Lorenzo. San Laurenciano.

15 .... San Alberto. San Desiderio. San Maclovio. San Leopoldo.

16   Santa Gertrudis. San Afán Obispo. San Edmundo. Santa Inés.

17   San Gregorio Obispo. San Dionisio.

18   San Román. San Odón.

19   Santa Isabel. San Ponciano Papa. San Barlaam Mártir. San Crispín.

20   San Edmundo. Santa Majencia.

21   Presentación de la Virgen María. San Gelasio Papa. San Alberto Obispo.

22   Santa Cecilia. Santos Filemón y Apia Mártires.

23   San Clemente Papa. San Gregorio Obispo.

24   San Crisógono. San Juan de la Cruz. Santas Flora y María Vírgenes y Mártires.

25   San Jeremías Profeta. Santa Catalina Virgen y Mártir. Santos Mercurio y Moisés Mártires.

26   San Silvestre Abad. San Pedro Obispo. San Basilio. San Conrado. San Leonardo.

27   San Facundo. San Secundino. San Máximo Obispo. San Virgilio Obispo.

28   San Esteban. San Simeón. Santa Catalina Virgen.

29   San Saturnino

30   San Andrés. Santos Sapor e Isaac Obispos y mártires.

DICIEMBRE

1 — San Eloy (o Eligio). San Agerico Obispo.

2 — Santa Bibiana. San Cromacio Obispo.

3 — San Francisco Javier. San Lucio. Santos Claudio, Hilaria y Casiano Mártires.

4 — San Juan Damasceno. San Pedro. Santa Bárbara Virgen y Mártir. San Bernardo Obispo.

5 — San Sabás. Santa Crispina.

6 — San Nicolás de Bari. San Mayórico Mártir. San Abraham Obispo.

7 — San Ambrosio. San Eutiquiano Papa. Santa Josefa Virgen.

8 — Inmaculada Concepción de la Virgen María.

9 — Santa Leocadia. San Hiparco. Santa Gorgonia. San Pedro.

10 — Santa Eulalia. San Melquíades Papa. San Gregorio.

11 — San Dámaso Papa. San Daniel.

12 — Nuestra Señora de Guadalupe. Santos Epímaco y Alejandro Mártires. Santa Edburga.

13 — Santa Lucía. San Eustracio Mártir. San Auberto Obispo. Santa Otilia.

14 — San Juan de la Cruz. San Venancio. San Nicasio.

15 — San Esteban. San Pablo. Santa Nina. San Arturo.

16 — San Valentino. Santa Adelaida (o Alicia). San Eusebio Obispo.

17 — San Lázaro. San Modesto. Santa Olimpia. Santa Bega. Santa Viviana.

18 — Santa Juana Francisca. Santos Rufo y Zósimo Mártires. San Graciano.

19 — San Anastasio Papa. San Darío.

20 — Santo Domingo de Silos. San Ammón Mártir. San Filogonio. San Uricino. San Julio.

21 — San Pedro Cansino. Santo Tomás Apóstol. San Anastasio Mártir.

22 — San Demetrio.

23 — Santa Victoria. Santa Anatolia. San Sérvulo. San Dagoberto.

24 — San Gregorio. San Delfín Obispo. Santa Tarsila y Emiliana Vírgenes. Santa Irmina Virgen.

25 — Natividad de Nuestro Señor Jesucristo. Santa Eugenia Mártir.

26 — San Esteban. San Dionisio. San Zósimo Papa.

27 — San Juan Apóstol y Evangelista. Santa Fabiola. Santa Nicareta. Santos Teodoro y Teófanes.

28 — San Teodoro el Santificado. Los santos inocentes.

29 — Santo Tomás Becket. San Trófimo Obispo. San Marcelo.

30 — Santa Melania. San Sabino Mártir. Santa Anisia Mártir. San Egwin Obispo.

31 — San Silvestre Papa. Santa Columba Virgen y mártir.

Bibliografía

Alonso, Martin. Ciencia del Lenguaje y Arte del estilo. Ed. Aguilar. Madrid 1975. Duodécima edición.

Asimov, Isaac. Las palabras y las cosas. Ed. LAIA.

Corrado, Ma. Herminia. Diccionario de nombres propios. CS Ediciones. Buenos Aires, Argentina, 1993. 224 pp.

Garibay, Angel Ma. Diccionario Mitológico Ed. Porrúa.

Melgarejo, Ma. Elena. Guía práctica y elegante para escoger el nombre de su hijo. Ed. Universo. México, 1982. 146 pp.

Salazar, Salvador. Nombres para el bebé. Editorial Diana, México, 1993. 31a impresión. 219 pp.

Salvat. Diccionario Enciclopédico Alfa 10. Ed. Salvat. Barcelona 1987. 1186 p.p. 10 tomos.

Este libro se terminó de imprimir
en los talleres de:

Mujica Impresor S.A. de C.V.
Camelia No. 4, col. El Manto
Deleg. Iztapalapa 09830
México, D.F.